# 繪畫技藝
# 縱橫談

黃錦星編著

國家圖書館出版品預行編目資料

繪畫技藝縱橫談 / 黃錦星編著. -- 初版. -- 臺
北市：文史哲，民85
　　面；　公分
ISBN 957-549-034-7（平裝）

1. 繪畫 - 中國 - 西洋 - 論文,講詞等

944.07　　　　　　　　　　　　　　85009466

# 繪畫技藝縱橫談

編著者：黃　　錦　　星

出版者：文 史 哲 出 版 社

登記證字號：行政院新聞局局版臺業字五三三七號

發行人：彭　　正　　雄

發行所：文 史 哲 出 版 社

印刷者：文 史 哲 出 版 社
台北市羅斯福路一段七十二巷四號
郵撥〇五一二八八一二彭正雄帳戶
電話：三　五　一　一　〇　二　八

中華民國八十五年九月初版

實價新台幣五〇〇元

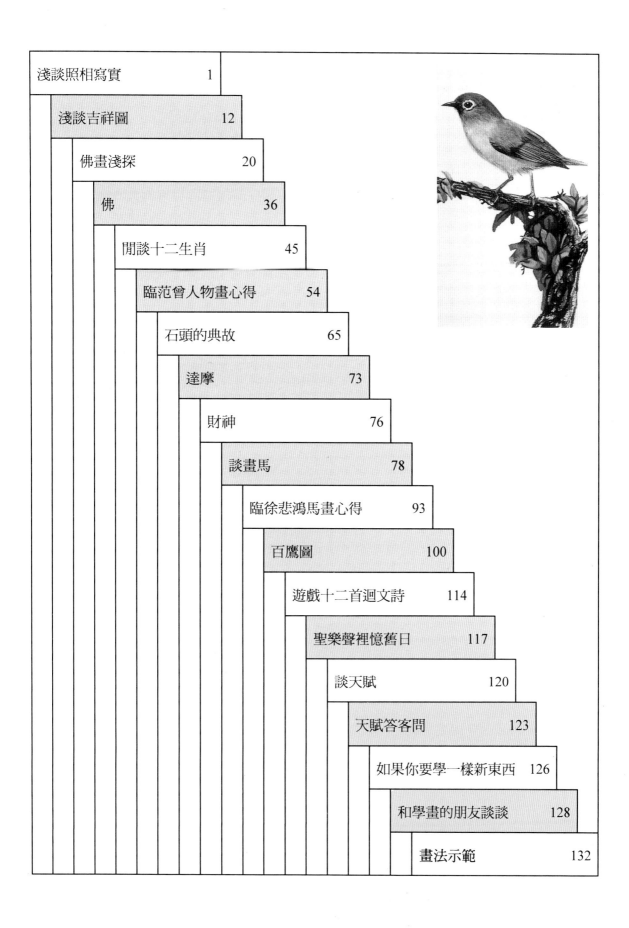

# 序 言

　　我從一九八二年以來一直都在學畫，學的種類形形色色，包羅很多。大約從八八年開始嘗試把不同畫類的學習心得做些整理，一方面給自己複習和激勵的機會，一方面也提供同好的分享與批評。那幾年發表的文章有探討：吉祥圖、十二生肖、馬畫、鷹畫、佛畫、人物畫、石頭的典故等等，也有水彩畫的「照相寫實」。起初分載於不同的刊物，後來重刊於《中國美術》，雖然有不少人建議我出單行本，我卻一直提不起興趣。原因有三：其一，有些主題我並未完成，例如馬畫，我原計劃三篇，《談畫馬》、《臨徐悲鴻馬畫心得》和《鞍馬圖》，只完成前面兩篇；佛畫原打算寫七篇，結果只寫《佛畫淺探》和《佛》兩篇。其二，我後來卻不再喜歡那麼東探一會、西摸一下，而希望在單一主題上投注更多的時間、精力，做較深入的探索，如此一來，反而沒在繼續從前那些未竟的部份。第三個原因是，前面那些探討主題太過零散，總覺得籠籠雜雜的。

　　但目前卻結集出版，這是有個意外的原因。九四年春天我開始擴大創作的主題，選上了老鷹，到了九五年歲末，已經畫了一百三十幾張老鷹圖，和相關的文字敘述。我拿了百來張老鷹圖的照片去找文史哲出版社發行人彭正雄先生聊天，並請教他有關出版畫冊的一些建議。聊著聊著，他突然問我以前寫過的那些文章現在都到那裡去了，我說夾在卷宗裡頭，除了老鷹現在擴大成目前這樣，其他也都沒時間去動，他一聽，就問我為何不出版，我就告以上面的原因。他一聽，說不行，我目前的每個主題做出來要花上兩、三年的時間，如果把以前那些主題都重做一遍，少說也得一、二十年，一、二十年後讀者才有機會看到全部，不如由他先出版，讓讀者也好先讀為快，畢竟，雜誌上的發行有些人只看過一、兩篇，他本人也沒全看過。經他這一說，我就答應了，所以有此機會和讀者見面。

　　由於時間的推移，目前重讀以前寫的東西雖然會有不同的意見，但也沒有做什麼變動，頂多把文字潤飾一下，且把剛出爐的《百鷹圖》也收入，九一年年寫的《鷹》由於內容重覆就被拿掉了，而抽換、新增一些圖板。讀者只要看到丙子年的題字就是新畫的，其中，《淺談吉祥圖》裡的十二張吉祥畫是利用年假那幾天畫成，我八八年寫時本無插圖，那是我第一篇寫有關繪畫的文章。此外，幾篇敘述我個人心路歷程的淺見也收進去，《聖樂聲裡憶舊日》說的是我從一個讀電子的人轉為讀文科的動機，《談天賦》和《天賦答客問》是我發現自己繪畫天賦，以及開發天賦的經過。由於我的學校教育是電子與外文，受的是西式的訓練，重視實踐，也重視經驗分享，《如果你希望學一樣新東西》和《與學畫的朋友談談》都是透過實實在在體會的經驗談，讀者可以優先閱讀。

　　在此，由衷的感激彭發行人的熱心贊助，和讀者的鼓勵。

　　　　　　一九九六年三月初 **黃錦星識**

# 淺談照相寫實

### 兩種心境看照相寫實

「哇噻！怎麼畫得那麼像，簡直和照片一模一樣。」是大家在逛畫廊時可能會聽到的一句話，尤其是那些強調照相寫實的畫展。當然了，你可能會聽到另一種聲音：「一點畫味也沒有，簡直在抄照片嘛。」這兩句話一褒一貶，道盡了觀眾對畫作的不同看法。

「能畫得如同照片一般逼真，確實也不容易；一個畫者能有這等能力，是花過不少心血的。」這是我自己還在無師自通、亂塗亂抹時所執有的看法。以後，正式跟老師學畫，學的也是寫意的國畫，離寫實有一段相當的距離。然而，隨著自己對繪畫興趣的增濃，想去嘗試一下寫實的心也越來越強烈。終於有一天，我也踏上這條路，也跟著背相機、

描幻燈片、上留白膠……。 幾年以後，我又丟下這種畫法，這中間曾經見山是山，也曾經見山不是山，最後雖然還是看那座山，但看到的已不同於未嘗試以前的了。我說以前看山前，現在看山後吧。不管如何，這個經驗對我個人來說是很寶貴的，以下，我將試著將這些經歷和心得拿出來和讀者共同探討。

### 從照片到鉛筆稿

「照相寫實」，顧名思義是需要有一張或更多的照片來做為描寫的對象。獲取照片的管道很多，可以從報章、雜誌上去找；也可以自己背相機去攝取。取得滿意的照片以後才考慮如何轉換成一張圖畫。（作者畫的是水彩畫，所以只拿水彩畫來解說）

圖解一　幻燈機取圖

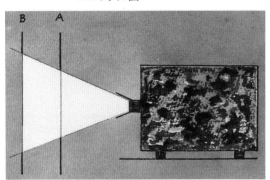

圖解二　鉛筆稿

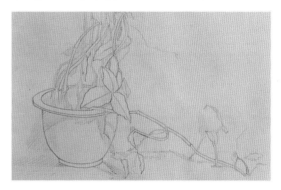

現在，就讓我把最常見的方法和大家談談。首先，需要準備一臺幻燈機，一張固定在畫板上的圖畫紙，還有鉛筆、橡皮擦等，然後就是所要描繪的照片。照片最好是正片（又稱幻燈片），如果沒有正片，拿一般照片的底片也可以，不過在操作上會比較麻煩，需找個固定幻燈片的小框夾底片，且因所有顏色都是補色，比較會看花眼而描錯線。工具準備齊全了，就可以把畫板對著幻燈機豎起來，（圖解一）然後打開幻燈機。這時候，我們會看到幻燈機投射出來的影像，投射的角度、大小可能不會馬上令人滿意，這需要經過一番調整。調大調小是第一件工作，如果希望比較大的圖，則畫板可以離幻燈機遠一點（圖解一之B）。反之，畫小畫可以離幻燈機近一些（圖解一之A）。畫的尺寸決定以後，再調整幻燈機的焦距，務使在畫面上呈現出最清晰的影像。尺寸和焦距可以反覆調整，一切都依個人的需要來做。

在畫紙上的影像決定以後，才拿鉛筆來打草稿。通常我們在畫一張圖時，打草稿算是比較困難的工作。但有了幻燈機的輔助，打草稿卻很輕鬆容易，只要將投射在畫紙上的影像描一描就可以了，同時光影的變化也可以做個大致的勾畫。為了便於讀者了解，我且描繪一張鉛筆稿（圖解二），大家比較一下原照片（照片一）和完成圖（圖一），大概已清楚得不需要更多的文字敘述了。至於圖解二的鉛筆稿畫得很深，是為了拍照的效果，方便讀者參閱，我平日繪圖時打稿都很淺薄的。

打完草稿就完成了一大截工作了，因為傳統畫法的打稿是件很費力的事，以後才慢慢填彩。這時候，學過國畫的讀者可能會問，這豈不是和工筆畫的描粉本差不多？是的，除了工具比較複雜以外，畫法是差不多。這也是我後來沒再繼續鑽研的原因之一。

## 光影、水份、色彩和肌理

然而，打完草稿以後的工作仍然不少。光影的變化就是一個大課題，此外，水份的應用、顏料的搭配、肌理的呈現、

照片一　攝於家附近

圖一　攀緣

圖解三　反光面

圖解四　顏色的輝映

反光面的地方就必須妥善的加工（圖解三）。再者，物與物之間的距離感仍然有靠畫者主觀的處理，也不可全然依靠照片，照片是客客觀觀，而沒有取捨的智慧。

水份的應用。這與紙張受水的情形、顏料的稀稠、畫者時間的把握都有關，不能概括論述，最重要在於「經驗」，讀者想多了解，只有多多嘗試而已。

顏料的搭配。照片寫實所參考的照片通常是彩色的，直接把照片上的顏色畫上去對畫者來說也可以省不少力氣。不過，畫得紅一塊、綠一塊互不關聯就不高明了，總是要取得協調才行，學畫的人有句流行的話：「天上有什麼顏色，地上也要有那種顏色，反之亦然。」總要紅中帶綠、綠中帶紅。乍聽之下好像很玄，其實想做到這一點也不難，只要在陰面和影子的地方動手腳，甚至在物體的最亮點也可以加一點薄薄的其他顏色。讓這些薄彩和濃得暗濁的地方做變化，而把物體的受光面儘量保有本身的固有色就可以了（圖解四）。

肌理的呈現。肌理又稱之為質感，

氣氛的經營，再再都需要不斷努力才會有好的成積。現在，我就對這些課題簡略地分述一下。

首先，談光影。光影的主要作用，學過素描的人都了解，在製造「體積感」，讓有的地方受光而發亮、有的地方背光而晦暗。對照相寫實來說，如果照片本身的光線和投射角度很理想（如照片一），畫者可以省掉不少的力氣。不過，也並非可以完全依據照片上的明暗來處理，例如照片上的暗面黑鴉鴉一片，所少掉

照片二　攝於室內

圖二　秋收

圖解五　光滑

圖解七　柔軟

圖解六　粗糙

圖解八　亮麗

就是看起來要有光滑、柔軟、亮麗……等等不同的感覺。製造光滑的感覺通常需要有充足的水份和儘量少的筆觸（畫茄子、李子等）（圖解五）；反之，處理粗糙的東西，水份要少、筆觸要多一點變化（畫磚塊、樹皮等）（圖解六）。如果想要製造柔軟的感覺，缺少水是不行的，水有讓顏料化開、看起來矇矇矓矓的效果，柔軟的東西就是這種感覺（畫長髮、衣服等）（圖解七）。至於亮麗的東西，則黑白要分明、銳利（圖解八），這一點讀者可以找一些銀器、不銹鋼用具來觀察。至於其他很多沒有跟大家談到的肌理，讀者如果想進一步探索，最好是自己動手多嘗試，或者找個精於此道的老師學。

## 氣氛的營造

　　氣氛的經營是畫者風格形成的主要因素。有的人偏愛弄水，則可能發展出矇矇矓矓、帶有濃郁抒情的風味；有的喜歡鮮豔的色彩、明確的造型，則可能營造出明快亮麗的畫風；也有人內向而保守，可能會把畫面處理的蒼茫、嚴謹；更有人外向、熱情，則有可能做出富麗而詭異的作品……。所以說，一個畫者除了基本功夫的訓練以外，對於自己的傾向能多所了解就比較容易開發出自己獨特的面貌。就我個人而言，我生於鄉間也長於鄉間，以及常期雜雜亂亂的讀一些古書，又畫過水墨畫，心中自有濃濃的田園情愫。所以很自然地畫些帶

照片三　同事提供

圖三

有國畫味道的畫面，喜歡鄉間的景物，矇矓的感覺，以及草草蟲蟲的點綴。

當然了，喜歡矇矓感覺的人通常會發展出渲染畫，這一點我也不例外，但我個人對於一般渲染畫之近景、中景的處理卻不很滿意，總嫌大家畫得太模糊了，因為近景、中景常常是一幅圖畫的主體，應該有比較清楚的描述。因此，我曾為自己定過這麼一個指標：「前景明確以彰顯主題；背景矇矓來帶動氣氛」，大體上說，我的水彩畫就朝這個方向努力。然而，也並非每次都把整個近景、中景畫得一絲不苟、纖介備述，一切都隨機而變，在接近邊沿的地方我也會加以淡化，以便和矇矓的背景連成一氣。

在畫法上，淡化和渲染的過程是這樣的，先打一層水把紙面弄濕然後上顏色，或者上完顏料馬上用溼筆化開，最簡單的畫法如圖二、圖三的背景，把紙打濕，然後上一層薄薄的顏料（有兩三種顏料混合，而不是單色）。至於風景畫則常常需要將預定細描的地方先用膠紙或留白膠蓋住，才做背景處理。背景的渲染可以一次完成，也可以層層疊上，端看細膩的要求程度。

至於草草蟲蟲的點綴，靈感來自於國畫。因為古人在花鳥畫方面留下相當精采的成積，畫完一張牡丹則加兩隻白頭鶲；畫一叢荷花會加一隻翠鳥等等。此外，我也覺得靜物太缺乏生氣，加點

照片四　取自畢業留念冊

圖四　邂逅

動的東西會有不一樣的感覺。如圖四的楓葉少了張蜘蛛網、圖五的山景少了人和狗，豈不太單調了？當然了，在宜人的風景中剛好拍攝到一隻顧盼生姿的動物（例如在一株搖曳生風的枯枝前飛入一隻白鷺鷥）是再好不過的，但那是可遇不可求的事，所以，點景是要發揮一點想像力的，也是畫者獨享的權力，要風來風、要雨飄雨。此外，如何把自己的想像化為具體的事物，又如何搭配原來的氣氛和光影也是一大課題，這需要經過相當時間的摸索。我自己記憶最深刻的經驗，就是把一隻斑卡拉蝸牛畫進木板上（圖六）。這隻蝸牛的照片是在一本雜誌上看到的，光影恰和我畫的盆栽相反，我那時對光影的假設還不很靈

活，如何去克服呢？我用小孩玩的黏土先捏一隻模型，再利用檯燈打光畫成一張蝸牛在木板上的初稿，然後才重新臨繪在作品上。那幅圖足足畫了一個月才完成，現在回頭看雖不覺得很滿意，卻對於自己當年勇於嘗試、不避繁瑣的精神感到無比的欣慰。

## 照相寫實的缺點

談過了照相寫實的畫法以後，可能有讀者已怦然心動、躍躍欲試了。不過，照相寫實的缺點也不少，讀者不可不知。先談照相本身吧，照片裡的影像和眼睛所看的東西有很大的差距的，只是我們平日沒特別去留意，經過透鏡的作用，影像早已變了形，簡單地說，照片的正中央與四週的影像比例有很大的失真。讀者要是不信，可以把照相機的鏡頭卸下（單眼照相機可以取下鏡頭，如果沒有相機，拿個凸透鏡也可以），對著排滿文字的書本看看，自然分曉。此外，對於離相機不等距離的兩個物體，在相

照片五　玉山途中・同事提供

6

機裡呈現的大小比例和距離感與肉眼所見也有很大的出入，有關這些問題，坊間可以找到論著，我難於在此多說。不過，專對有意透過照相寫實來作人物畫的朋友而言，我倒有個經驗想談談，側身的人物照在轉化成圖畫時，其身體的左、右邊比例要做相當的修正，尤其是四肢。在此，我提供一張普通的照片（照片九），大家注意比較其中的左、右手臂的寬度和長度，看看是否失了真？這種情形讀者隨意翻開自己的生活照都可以驗證。至於作畫時要如何修正，可以把離相片遠的東西稍放大、離相片近的東西縮小，最重要還得靠個人的經驗了。

其次，我們來談一下風景照。我相信玩過相機的人都會發現風景照很不容易有佳作，這一點和剛剛講過的道理有關，不等距離的物體在相機裡會與肉眼所見不大一樣。當拿到一張風景照片想轉化成圖畫時，最令人感到困擾就是背景太過於逼近近景（照片七、八），風景的深度看起來很淺，有時候水平面的背景看起來不是平平的展開，而像是立

圖五　清晨

照片六　攝於家附近

圖六　午後

著。所以，我在轉化為圖畫時，通常會淡化背景（圖七）（附註一），甚至改變視平線（圖八），這其中尤以改變視平線所牽涉的問題較為複雜（附註二）。此外，畫者相當珍惜的「臨場感」，在風景照裡也找不到。

談過這些照相寫實的缺點都還不是最致命的。最致命的毒素是，一個人學會了這種手法以後會過度依賴，就像有些畫國畫工筆的人一直需依賴別人提供粉本，無從獨立，不怪乎有人把照相寫實批評做「照片加工」，而不屑一顧。更何況，現實界的美只是一般畫者心中影像的一小部份，還有很多縈繞心頭的

照片七　攝自雜誌

圖七　信、望、愛

照片九　攝於羅東梅花湖

照片八　攝於關渡

影像是抽象的，或現實界裡不存在的。打個比方，像神話裡的魏徵斬龍、嫦娥奔月⋯⋯，又到那裡去找照片呢？更何況那一大片抽象的國度裡的彩韻、墨韻、筆觸、律動感⋯⋯也沒有照片可依賴。

　　最後，我一如往常，為大家示範一張圖。

### 畫法示範

　　畫照相寫實的畫，首先要有一張照片，其次是打鉛筆稿，這些在前面已講過不再重覆，以下從貼膠、上彩談起。

　　一（貼膠、上底色・示範一）。這幅

示範一

示範二

圖我預定先打底色，所以要把楓葉遮蓋起來。楓葉用膠紙遮蓋，葉枝用留白膠。留白膠和膠紙的使用法因人而異，沒有一定的規則，我個人在遮蓋大面積時選用膠紙、小面積則用留白膠。膠紙（透明的）的用法是直接貼在畫紙上，再利用美工刀把不需要遮蓋的地方割開、取掉。至於留白膠，則需準備一隻毛筆去沾，然後像塗顏料一樣塗在畫紙上，留白膠要等一陣子才會乾。沾膠的筆最好是舊的，因為留白膠會傷筆。遮蓋完畢就上底色，上底

色之前，我先將整張畫紙打濕，色彩不做得太鮮豔以免將來搶了主題。等底色乾了以後，再把膠拿掉。在這裡，我只取下其中一片葉子的膠紙，以便讓讀者區分取下膠紙和貼膠不同的情形。

二（為葉子敷彩並預留小蟲子的位置 ·示範二）。我希望有一隻赤星瓢蟲在楓葉上，所以先貼膠紙，為小蟲子預留空間，然後才填葉子的顏料。楓葉有紅、有綠，對比而協調，是一個很好的畫材。顏色乾了以後，我把小蟲子上的膠紙暫時取下以便

圖八　泊

示範三                          示範四

拍照，拍完再把膠紙貼回去，繼續
畫葉子。

三（繼續處理葉子．示範三）。上一
　個步驟的顏料乾透以後，我為楓葉
　做出斑點的效果。做法是這樣的，
　取一隻舊的牙刷泡在水裡洗一洗，
　再沾上顏料，然後移到畫面上來，
　手握刷柄，用拇指去推刷毛，當推
　倒的刷毛反彈挺直時，自然會把顏
　料彈出，形成斑點。注意，不需要
　留下斑點的地方得先用紙片遮蓋。

四（畫小蟲子、割蜘蛛網並簽名．示
　範四）。小蟲和蜘蛛網都是用來點
　綴的，不畫也可以，我所以畫這些

是為了向讀者多交代一些技法上的
問題，畫小蟲子是為了再做一次貼
膠的示範。至於蜘蛛網，並不是用
畫筆畫成，而是利用美工刀割的。
美工刀的運動方向要和刀口垂直。
這有什麼好處呢？這樣能產生最大
的阻力，容易挑破畫紙造成串串的
小白點，看起來就像蜘蛛網上佈滿
晨露。這當然也有個先決條件，就
是紙張要選厚一點。最後，視情況
需要加以整體修飾，簽名，一幅畫
就完成了。

註一：作者曾想簡化顏料的種類以便外出
　　　攜帶，此圖乃當時的嘗試作品，所

用的顏料只有五種。Gamboge, Crimson Lake, Cobat blue, Prussian blue, Burnt Sienna.

註二：透視被應用在畫面上，最重要的一點就是先確立視平線。人在觀看實際風景時，不管我們怎麼站，或是怎麼蹲，只要我們一定住，就有一條平行於地面的視平線存在，而且只有一條。在相片的有限空間裡，視平線是可移動的，當鏡頭愈往下壓，視平線就愈上昇。所以，我們拍照時，愈注意前景，不經意就會昇高視平線而洗出風景深度很淺的畫面。對照片來講是沒得救的，除非利用暗房技術去修正，而畫畫則可適度的壓低視平線來修正。不過，

這不能靠三言兩語講得清楚，讀者有興趣，可以去參加幾個禮拜的建築設計、室內設計的課。我以前也參加過那種短期課程。

附：在此，順便把做這次示範的工具品牌和種類簡介如下，以供參考：

紙張：Arches 300g/㎡（法國製）

筆：一般狼毫與兼毫（台灣製）

美工刀：（台灣製）

膠紙：Sekisui（日本製）

留白膠：Winson & Newton（英國製）

顏料：Winson & Newton（英國製）
　　　Prussian blue, Cobat blue, Cerulean Blue, Viridian, Sap green, Gamboge, Burnt Sienna, Sepia, Vermilion.

一九八九年九月脫稿

# 淺談吉祥圖

我們在看電影或電視時常常會看到如下的畫面：男、女主角擁抱在一起，接著鏡頭就轉移，這時候我們會看到一盆熊熊烈火，或是兩隻蝴蝶在花間飛舞追逐。觀眾也很容易透過烈火聯想到這對男女慾火如焚；或者經由雙飛並舞的蝴蝶聯想到兩人的情濃意蜜。這一類的表現法用文學的術語來說，是應用「象徵」的手法。也就是應用具體或易懂的東西來暗示抽象或難解的概念。譬如「火」在前面的比喻中代表「愛情」。「愛情」是抽象的概念，就以具體的「火」來表現。這個具體易懂的東西，我們給它一個術語「意象」。一個意象在不同的場所可以表達千百種不同的概念，如「火」可以表示「愛情」，也可以代表

「憤怒」，也可以表達其他種種。反過來說，同一個概念也可以透過千百個意象來說明，譬如「愛情」可以選用「火」這個意象、也可以選用「蝴蝶」或其他種種。

在此，我們就來談一點先人們如何利用象徵的手法表達心中的吉祥概念。打個臺灣民俗來比喻，過年時要做甜粿、發粿、包仔粿，就有這麼一句話：「甜粿過年、發粿發錢、包仔粿包金。」也是利用三個意象來表達心中的三個概念。尤其是中國人最喜歡利用諧音來暗示心裡的話，也許是因為中文同音字太多的關係吧，反正已成了一種文化特質。左傳記載晉獻公命世子申生率兵出征，臨行時賜給他一塊金玦，申生的幕僚就依據「玦」的諧音預感到申生將會被廢，甚至被殺。反過來說，如果當時賜給申生一塊金環，那就可能諸事圓滿了。申生後來被殺，或者是巧合，也可能在當時利用器物的諧音來暗示心中的概念已經是另一種流行的用法也說不定。前幾年政府某單位送鐘給老人就被人誤解為「送終」而引起軒然大波。

以下，我就將個人為了繪畫方便所整理的一些動物、植物、器物所代表的吉祥涵意加以說明：

動物：

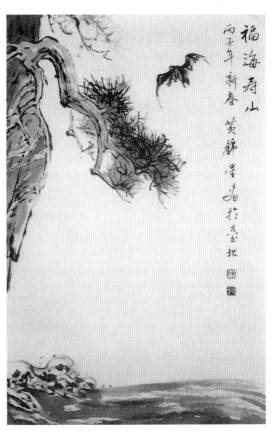

鹿：取其音做「祿」。

燕：取其音做「晏」。

猴：取其音做「侯」。

蜂：取其音做「封」，與猴並置就成「封侯」。

貓：取其音做「耄」。

蝶：取其音做「耋」，與貓並置就成「耄耋」。

鷹：取其音做「英」，意指英雄。

羊：取其音做「陽」，三隻羊在一起則為「三陽」。「羊」字且與「祥」字互用。

虎：取其音做「福」，通常是五虎聚集，象徵「五福」。

鶴：鶴壽千百，取其「壽」字；又有一品鳥之稱，取其「一品」。

魚：取其音做「餘」。「餘」與「多」同義，如三條魚放在一起則成「三多」。另有某些地方音的「魚」讀像「如」，九尾魚在水裡游就成「九如」。

豹：取其音做「報」，與喜鵲並置就成「報喜」。

獾：取其音做「歡」。與喜鵲並置就成「歡喜」。

喜鵲：取頭一個字「喜」。

蜘蛛：唐朝宮女稱之為喜子，取頭一個字「喜」。

蝙蝠：取「蝠」的音做「福」。

鵪鶉：取「鶉」的音做「安」。

喜上眉梢
丙子年新春 英錦呈老於臺北

富貴有餘
丙子年新春 英錦呈

金魚：取其音做「金玉」。

公雞：取「公」的音做「功」，雞鳴則取「鳴」音做「名」。公雞叫就包括「功名」兩字。

鷺鷥：取「鷺」的音做「路」，一隻鷺鷥則為「一路」。

鯰魚：取「鯰」的音做「年」，兩尾並置則為「年年」。

蟾蜍：取「蟾」的音做「錢」，另一說「蟾蜍」兩字與臺語「求錢」音相近。

綬帶鳥：取「綬」的音做「壽」。

白眉鳥：取第二個字「眉」。

白頭鶲：取「白頭」兩字，指白頭偕老。

　　至於「鴛鴦」，因為牠們平日形影相隨，睡覺時會以翅膀互相掩蓋對方，不幸喪偶也不另結新歡，取動物的行為，比喻恩愛夫妻。

## 植物：

蔥：取其音做「聰」。

筍：取其音做「孫」。

棗：取其音做「早」。

梨：取其音做「里」。

桃：取壽桃的「壽」。

蓮：取其音做「連」；也有取其音做「廉」。

橘子：取「橘」的音做「吉」。

桂子：取「桂」的音做「貴」，「桂子」

成爲「貴子」。

柿子：取「柿」的音做「事」，兩個柿子並置則爲「事事」。

蘋果：取「蘋」的音做「平」。

菱角：取「菱」的音做「伶」。

荔枝：取「荔」的音做「利」，大荔枝爲「大利」；又取「荔」的音做「俐」，與菱角合用則爲「伶俐」。

石榴：取石榴的「多子」。

靈芝：又稱「芝仙」，取第二字「仙」；又古人相信靈芝可保長壽，取「壽」字。

佛手柑：取第一字「佛」；又取「佛」之諧音做「福」。

落花生：俗稱長生果，取其「長生」。

柏：取其音做「百」。

荷：取其音做「和」。

藕：取其音做「耦」。

梅：取其音做「眉」。

菊：取其音做「居」。

葉：取其音做「業」。

松：蒼松長壽，取其意「壽」。

竹：取其音做「祝」。又有竹報平安之說，取「平安」兩字。

牡丹：又稱富貴花，取「富貴」。

水仙：取第二個字「仙」，很多水仙羅植則爲「群仙」。

梧桐：取「桐」的音做「同」。如與喜鵲並置就成「同喜」。

雞冠花：取第二個字「冠」的音做「官」。

玉蘭花：取第一個字「玉」。

海棠花：取「棠」的音做「堂」，與玉
　　　　蘭花並置就成「玉堂」。

長春花：取「長春」兩字。

萬年青：取「萬」字。

芙蓉花：取「芙」音做「夫」或做「富」
　　　　；取「蓉」音做「榮」；取「
　　　　花」音做「華」。可分別組成
　　　　「夫榮（妻貴）」，「榮華」。

南天竺：取「天」字，與水仙合用則成
　　　　「天仙」，或取「竺」字與「
　　　　竹」互用。

**器物與其他：**

瓶：取其音做「平」。

笙：取其音的「陞」。

戟：取其音做「吉」。

磬：取其音做「慶」。

扇：取其音做「善」。

筆：取其音做「必」。

盒：取其音做「和」或做「合」。

爵：取酒杯的爵，代用爵位的「爵」。

鏡：取其音做「進」，和爵合用則成「
　　進爵」。

錢：取其音做「前」。

拂塵：取「塵」的音做「程」，與錢合
　　　用則為「前程」。

銅鏡：取「銅」的音做「同」。

鞋：取其音做「偕」，與銅鏡合用為「

同偕」。

元寶：取第一個字「元」，三個元寶擺
　　　　在一起就成「三元」。

葫蘆：取「葫」的音做「福」。

籃子：取「籃」的音做「男」。

太湖石：又稱壽石，取「壽」字。

天上的浮雲：取「雲」的音做「運」，
　　　　有蝙蝠飛翔就成「福運」。


　　至於仙佛中的福祿壽三星、西王母、八仙等；人物中肥胖可愛的小孩，文士、高官；動物中的龍、鳳、麒麟；器物中的如意等都是一望即曉，就無須特別應用象徵的手法。佛寶如法輪、傘、蓋、盤長、卍字結……等，道教的火珠，書冊、畫卷、鼎、芭蕉、珊瑚……等，未必有所指，但可以多加擺放，擺得越多越吉祥。

　　吉祥物並非只有例舉的這些例子，我只將常見的整理出來而已。吉祥物的安排和選材，古時候可能會有或多或少的限制。今天，我們是可以自由組合。但有個原則，不要擺出不吉祥的組合。舉個例，放兩個柿子，加上一棵倒生的梅花，那不成了「事事倒楣」嗎？有幾樣東西的諧音帶有不吉祥味道的也要小心應用，如「梨」有「離」的音，「扇」有「散」的音在裡頭。如果擺放兩個分得開開的梨子，那不變成「分離」了嗎？

　　最後，我來組合十二組吉祥圖，並繪製成圖供讀者參考：

安居樂業：兩隻鵪鶉，取「鵪」的音「安」，一叢菊花，取「菊」

的音「居」，幾片落葉做「樂業」。

一路平安：一隻鷺鷥，取「鷺」音做「路」，一竿翠竹取「平安」。

前程萬里：三枚錢幣，取「錢」音做「前」，一束拂塵，取「塵」音做「程」，一盆萬年青，取「萬」字，兩個擺在一起的梨子，取「梨」音做「里」。

壽山福海：山岩上一棵松，象徵「壽山」，海上一隻蝙蝠飛近，取「蝠」的音「福」，成「福海」。祝賀老人家福如東海、壽比南山。

喜上眉梢：一棵梅花枝頭停一隻喜鵲，取喜鵲的「喜」字，再取「

18

梅」的音做「眉」,「梅稍」成了「眉稍」。

富貴有餘:水面上一株牡丹花,水裡兩尾游戲的金魚。牡丹花又稱「富貴花」取「富貴」,「魚」音「餘」,「有魚」成了「有餘」。

耄耋長青:貓在樹幹上爬,取「貓」的音做「耄」,兩隻蝴蝶在空中飛翔取「蝶」的音做「耋」,一叢松葉做「長青」,長壽的意思。

連生貴子:蓮花從瓶裡長出,瓶旁一個音樂用的笙,另有一叢桂葉上長滿桂子。取「蓮」的音做「連」,「笙」的音做「生」,「桂子」做「貴子」。

福祿壽圖:一隻花鹿直立,頭上松枝下垂,天上蝙蝠飛翔,取「蝠」的音「福」,「鹿」的音做「祿」,松做長壽的「壽」。

青雲得路:牧童在牛背上放風箏,風箏直上青天白雲,而牧童仍在地上,中間靠著一條細繩連續,像是一條道路也似。

躍馬中原:一匹馬前腿仰起。「中原」兩字可換成「商場」等等。類似的畫法有:只畫一條吃飽風的帆船,叫「一帆風順」。只畫一隻單腳站立的老鷹叫「英雄獨立」。

三陽開泰:三隻羊蹲在岩石上曬太陽。取「羊」的音做「陽」。畫面的左上角畫的遠山,別無象徵意義,只做畫面的平衡。

一九八八年十一月寫於台北

# 佛畫淺探

## 十里迷霧看佛像

國人提到某某人神通廣大時，會說：「這個人三頭六臂」。世間當然沒有三頭六臂的人，但在神魔鬼怪的小說中卻很多，神魔鬼怪小說都依據什麼來創作，我們無從一一考據。不過，在佛經、佛畫裡有關多頭多臂的記載卻隨處可見。

圖一　馬頭觀音

現在，我就從佛經上臨繪兩張佛畫。其一是「馬頭觀音」（圖一），有三個頭，而且臉相凶狠，利牙上出。其二是「如意輪菩薩」（圖二），有六隻手臂。從相貌上看來，如意輪菩薩的慈顏讓人很容易和菩薩聯想在一塊，但是，馬頭觀音的凶相就讓人卻步。如果有人說那是觀世音菩薩，說不定還會引起一番情緒反應呢！然而，馬頭觀音確實是「六觀音」（聖觀音、千手觀音、馬頭觀音、十一面觀音、准胝觀音和如意輪觀音）之一。這當然和一襲白衣的觀音法相有很大的差距，對一般人來說會摸不著頭腦；對我而言，何嘗不墜入十里迷霧中呢？我的迷霧不僅包括了不知道曾經有楊貴妃觀音、瑪利亞觀音的存在，還包括了對佛像的畫法茫然弗措。所以我一直拒絕為別人畫佛像，因為有一大堆不知從何而來的「注意事項」（如三分眼、頭間三道弧線等）困惑著，這些都超出一般人物畫的範疇。

## 撥開迷霧學畫佛

然而，希望我為他畫一幅佛畫的親戚朋友增多了，我雖然一路拒絕，但壓力卻不斷增大。他們知道我愛畫古裝人

物。自然聯想到我也會畫釋道人物。親戚朋友中信佛的人數不斷增多，也不乏從當年對科技的推崇而今日轉而禮佛拜神，在日常言談中也不時有人提到相關的問題。加上我平日喜歡讀雜書，跟著瀏覽一些佛教經典，久之也被潛移默化，對於佛像造型也慢慢注意到。我漸漸了解到製作佛像有三十二相、八十種好的說法。不過，這些說法和民間供奉的佛像畫法仍然有很大的差距，這又是一團迷霧。所幸，有人幫我解開大部份的疑點。那就是裱畫店的陳健旭先生。陳先生本人是位虔誠的佛教徒，裝裱過無數的佛畫，有時我去店裡他會取出一些別人的佛畫為我解說（有時批評）一番，日子久了，我也能了解到一些佛畫的「注意事項」。然而，手頭總有不同的專

題在做，撥不出時間來整理。終於，我有空了，想在佛畫上用點心。陳先生知道以後，高興地幫我找資料，找了一堆日本的、西藏的和一般台灣供奉的資料。我也分頭蒐集，借一些買一些，終於擺滿了案頭，就著手整理。

## 畫佛像應注意的事項

有關佛像造型，有三十二相，八十種好的說法。三十二相見於《大智度論》、《涅槃經》、《無量義經》等幾部經典，這些都是魏晉南北朝時代的譯著。後來

圖三　地藏菩薩

圖二　如意輪菩薩

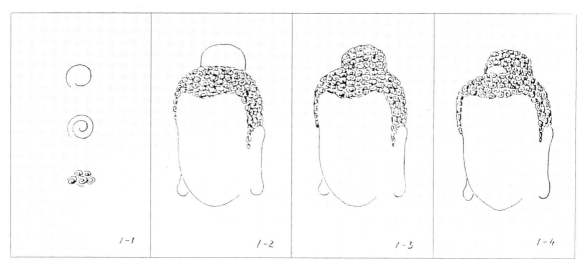

圖解一

才慢慢出現八十種好的翻譯，如《大般若經》。這兩種佛像造型的標準合稱「相好」。相好總共有一百多項，為了不讓行文過於枯澀，我將之擺放在附註裡（附註一、二）。談到相好的確立已有一千多年了，中間輾轉流傳，古人供奉的佛像和現代人平日所見的已不盡相同，這些自有學者專家在考證論述。在此，我僅將自己提筆畫佛像時所碰到的一些問題，提出來做個嘗試性的探討。下面且分別從身體各部位器官說起。

一、頭與頭髮

相好的標準：頂髻相（31相）；髮脩長紺青，密而不白（47好）；髮香潔細潤（48好）；髮齊不交雜（49好）；髮不斷落（50好）；髮光滑殊妙，塵垢不著（51好）；頂相無能見者（66好）。

探討：有關頂相無能見者（66好），一般畫佛像時都採取仰視或平視，很少讓視平線高過佛頭，自然看不到佛頂。倒是古畫裡的佛陀，有一頂成捲成捲的頭髮，甚為希奇。這種髮型俗稱「螺髮」，

在畫法上，我參考身毛右旋相（12相）筆勢順時鐘方向由外圈畫到內圈（圖解一之一），一螺一螺地畫成。對於頂髻的探討，佛陀頂上有塊肉，隆起如髻形。那麼肉髻上該不該有螺髮分佈呢？古畫裡兩種情形都有（圖解一之二、三），但，肉髻長髮在造型上似乎好看一點。此外，有些佛畫還會在肉髻前見得到一塊半圓形的東西，不知道是什麼（圖解一之四）。接下來一個問題，菩薩有沒有肉髻呢？依據菩薩也具足三十二相、八十種好的說法，應該也有肉髻，但在一般人的觀念裡似乎沒有。我想原因可能是菩薩大多做女眾相，有長長的頭髮，高高的髮髻可以掩蓋一切。例外的有地藏菩薩，地藏菩薩有時戴法冠，有時現比丘形（光頭）卻沒有肉髻（圖三）。因此我們得到一個結論，畫菩薩不畫肉髻。至於佛陀的頭常常被畫成藍藍的（47好），在此，我要探討顏色的上法。我們通常會先打一層墨底，待墨乾以後才上第二道顏料石青，因為直接上石青

22

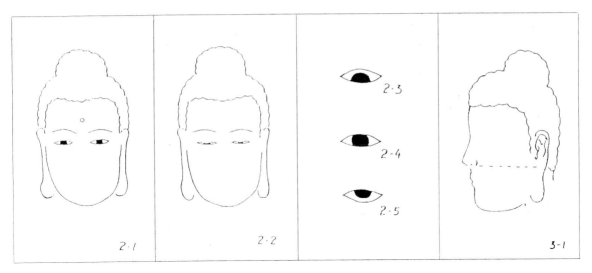

圖解二、三

會顯得很輕浮。此外,紺青色是帶紅帶紫的藍(俗稱寶藍色),與中國傳統顏料石青、花青不甚吻合。同時,石青和花青的顏色在畫面上要比紺青顯得穩重,古人大多用石青,我們可以保留這種畫法。不過,在查閱西藏古畫時,卻發現紺青被應用得極為普遍,畫出來的佛像也顯得光采奪目。時至今日,各種顏料都很容易取得,我個人在使用上也不太自我設限。

二、眼與睫

相好的標準:目紺青色相(29相);牛眼睫相(30相);眼淨青白分明(36好);眼相脩廣(37好);眼睫齊整稠密(38好)。

探討:一般在畫佛、菩薩時,多畫禪定的神情,所謂眼觀鼻鼻觀心,眼簾闔而微開,俗稱「三分眼」。眼睛全開是十分,半開五分,三分眼在半開與全閉之間。從觀察古畫得到的結論,眼睛的上眼線變化較多,下眼線幾乎都是一條微微下彎的弧線,變化不大。上眼線的變化有上彎的弧線(圖解二之一),也有下彎的弧線(圖解二之二)。在藏密的佛畫裡,眼線彎曲的弧線則更為誇張。此外,眼珠垂直的位置應該擺在那裡?依禪定的現象來推想,眼珠應擺在下方(圖解二之三)。古人大都畫在正中間(圖解二之四)。這兩種方式都能合理解釋。但也有古畫把眼珠畫在上方(圖解二之五)。眼珠在什麼情況會跑到上面去呢?向上看時,或者頭微微下垂而眼睛看著正前方時,這兩種現象都不太適合用來畫佛陀,所以我個人不採用。

三、眉

相好的標準:雙眉長而細軟(39相);雙眉呈紺琉璃色(40好);眉高顯形如初月(41好)。

探討:眉毛呈細長如初月狀是理想的佛眉。眉毛的顏色,通常是用濃墨去勾畫,呈黑色。如果考慮到雙眉呈紺琉璃色(40好),則需要同時考慮到目紺青色相(29相)如髮脩長紺青(47好),

23

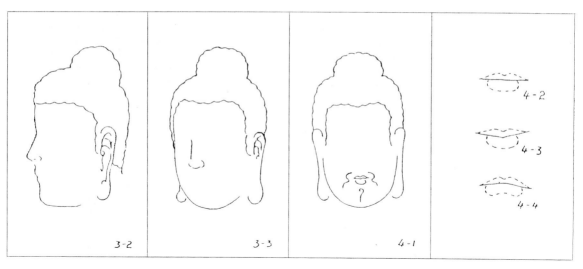

3-2　　　　　3-3　　　　　4-1　　　4-2　　4-3　　4-4

圖解三、四

總要一致才好看。上色都必須等墨乾以後再用藍色顏料蓋過。

四、眉間

相好的標準：眉間毫相（32相）。

探討：兩眉間有一丈五尺的白毫，右旋而捲收，必要時可以放光，敷演諸佛世界。經由觀察中外古畫得到的心得，有很多佛畫眉間是不畫任何東西的。但有的古畫會打個圓圈圈（圖解二之一），日本古畫有的在圈圈內塡白顏料，頗符合白毫相的說法。中國則有不少人在圈圈內塡紅顏料，看似一粒朱砂痣。我個人比較讚同畫個圓圈就了事，不用再添什麼。此外，很少有人把圓圈圈眞的畫在雙眉的正中間，都畫得比較高一些，如此才不會有皺眉頭的感覺。

五、耳

相好的標準：耳厚廣大脩長輪埵成就（42好）；兩耳齊平（43好）。

探討：佛畫一般會畫成大耳垂肩，在中國長大耳朵的人一向被視爲有福氣。不過大耳垂肩卻引發出一個困擾，到底是耳朵大還是耳垂大？如果是耳垂大則耳洞應該畫在鼻頭等高線以上（圖解三之一）。如果是耳朵大則耳洞的大小就應該依耳朵的大小比例來畫（圖解三之二）。這是一個見仁見智的問題，我個人選擇耳垂大。所幸，畫正面或微側的佛像時，因爲耳洞看不太清楚，也就不構成問題了。

六、鼻

相好的標準：鼻好且直，其孔不現（33好）。

探討：鼻樑要畫得直，鼻孔不需要特別描繪（圖解三之二、之三）。

七、嘴與齒

相好的標準：四十齒相（22相）；齒齊相（23相）；牙白相（24相）；大舌相（27相）；梵聲相（28相）；唇色光潤丹暉（28好）；齒方整鮮白（34好）；牙圓白光潔鋒利（35好）。

探討：佛菩薩通常是閉嘴的，所以牙齒長得怎樣都不用描繪，至於如馬頭觀音等怒目獠牙則取自動物的器官，不

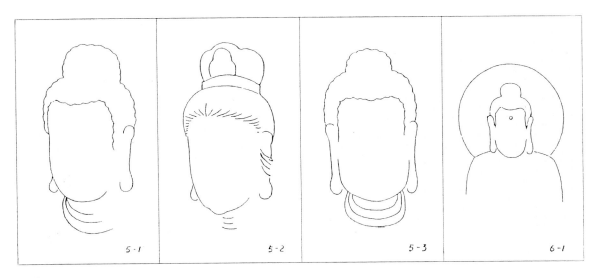

| 5-1 | 5-2 | 5-3 | 6-1 |

圖解五

能用相好的標準來看待。在此，我想和大家談佛嘴的畫法。畫嘴最重要的一點是上下嘴唇之間的中間線，中間線可以畫做一直線（圖解四之二），也可以微微下彎畫條弧線（圖解四之三），但儘量避免畫一條往上彎的弧線（圖解四之四）。因為上彎似哭，下彎像笑，道理了解以後下筆就有分寸。此外在畫菩薩時，女眾相的嘴可以畫小，男眾相則畫大一點，男眾相的佛、菩薩也可以加上鬍鬚（圖解四之一）以加以區別。

八、臉

相好的標準：獅子頰相（25相）；面如秋滿月（57好）；顏貌舒泰（58好）；面貌光澤無有顰蹙（59好）。

探討：佛菩薩的臉形要畫得圓滿舒泰，不能做尖削刻薄相，最好面帶笑容。古人畫佛菩薩的下巴每每一筆帶過自然圓滿（圖解五之一）。不過這樣的臉形看起來比較圓胖，帶著濃郁的唐代風尚，與現代人的審美觀有點距離。當代的審美觀受到西風的影響，畫家的筆下自然

會流露出時代的訊息，臉通常畫得稍微細長。尤其在畫女眾相的菩薩時，還可以參照藏密的版畫，在下巴稍做變化（圖解五之二）。此外，佛菩薩的頸部通常畫有三道弧線，這代表什麼呢？我也查不出原由，就連金剛界、胎藏界兩部最具代表性的曼荼羅也沒有依循這個規則。在古畫裡，有些弧線畫得很清楚（圖解五之一、之三），有些則輕描淡寫（圖解五之二）。我個人在畫佛時會畫得比較明顯，畫菩薩則輕描淡寫。

九、後光

相好的標準：大光相（15相）；身相猶如仙王，周匝端嚴光淨（20好）；身之周匝圓光，恆自照耀（21好）。

探討：古來繪製佛相大都有後光，單在頭部發出的光稱為頭光，全身發出的光為身光。現在先探討頭光。正面佛相頭光的中心點應該在眉間、鼻和嘴的中心線上（圖解六之一），至於在中心線上的那一點可就無從規定，我個人選擇眉間的小圈圈，以暗合眉間白毫放光

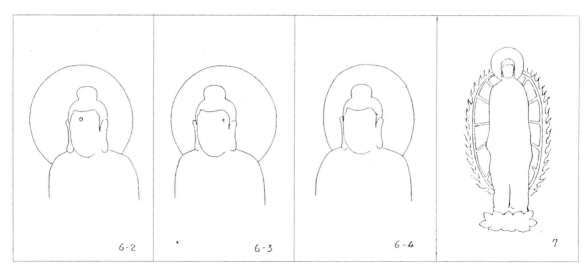

6-2　　　　6-3　　　　6-4　　　　7

圖解六

的說法，至於側面佛像的頭光則不宜選
定眉間的小圈圈作中心點（圖解六之二），
那樣會有偏離了頭部的感覺，應該往邊
邊偏一點，另選一點「＋」（圖解六之
三）。我把「＋」點想像成腦後的中心
點，於是乎隨著佛面轉變的角度仍可以
隨時掌握「＋」點的位置。此外，有人
把側面佛像的頭光畫成橢圓形（圖解六
之四），看起來也很自然。至於身光的

繪製，原則和頭光相同，不過，坐相的
佛常有圓形的身光，立相通常不畫，有
時候畫成一個扁扁長長稍帶橢圓的東西
（圖解七）。

十、手

　相好的標準：長指相（3相）；手
足指縵網相（5相）；手足柔軟相（6相）；
正立手摩膝相（9相）；指爪狹長、薄
潤光潔（1好）；手足之指圓而纖長、

圖四　拈花微笑

圖五　蘇悉地儀軌契印之一

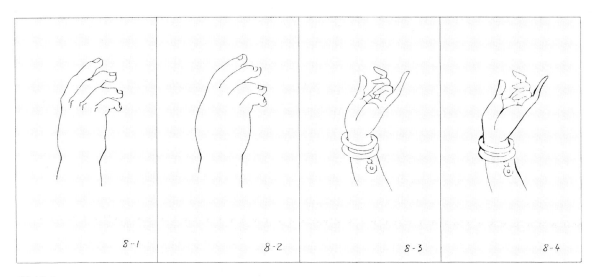

柔軟（2好）；手足各等無差，諸指間皆充密（3好）；手足光澤紅潤（4好）；筋骨隱而不現（5好）；手紋深長明直（27好）；手足指網分明（67好）。

探討：佛手要畫得充實柔軟，本身就是良好的繪畫素材（圖四、五），如《蘇悉地儀軌契印》就以手印為主，一共例出九十一組。畫佛手和一般的手有點不同，畫一般手會去表現關節骨頭的細部（圖解八之一），佛手則力求筋骨隱而不現（圖解八之二）。再者，佛像的手掌向外的機會很多，掌紋的表現就變得很重要，雖然也有一些古畫並不強調，但，強調掌紋有助於表達手部的充實圓滿（圖解八之三、之四）。至於手足縵網相（5相），有一種說法是像鴨子般的划水趾，藉此把世上眾生一絲不漏地加以拯救，但在畫像則未曾見。正立手摩膝相（9相）常見於阿彌陀佛塑像，手臂是否畫得那麼長是個見仁見智的問題，讀者可自行斟酌。至於手印，因為很多，在下一篇《佛》裡再談，在此暫且略過。

### 十一、足

相好的標準：因為手足連稱，所以

圖六　阿彌陀佛

有些在談手的標準時已經談過。此外尚有：足下安平立相（1相）；足下二輪相（2相）；足跟廣平相（4相）；兩踝俱隱（6好）；膝輪圓滿（14好）。

探討：手足都一再強調圓滿充實，甚至有兩踝俱隱（6好）的要求，兩踝是脛骨和腓骨連接腳板凸出的地方，再怎麼肥胖也不可能隱而不現，不過在畫法上是可以不去表現的。在此我想進一步探討兩個問題，足下二輪相（2相）和佛菩薩的坐姿。足下二輪相不多見，但古畫裡確實有之，就是在左右腳底各畫一個車輪的模樣，象徵千條輻（圖六）。

其次，就是坐姿了。佛菩薩大多結跏趺坐（圖六、七），也就是盤膝而坐，細

分之，有右足向外的吉祥坐（圖六）和左足向外的降魔坐（圖七）。也有半跏倚坐（圖八）、跪坐（圖九）、蹲踞坐（圖十）和輪王坐（圖二）、遊戲坐（圖三）等等。

以上所探討的，可說很淺近，然而，都是一些畫佛像時最直接面對的問題。對於「相好的標準」也僅做到局部說明，因為有些標準不是用畫筆可以表達的，如味中得上味相（26相），諸毛孔出妙

圖七　藥師佛

圖八　彌勒菩薩

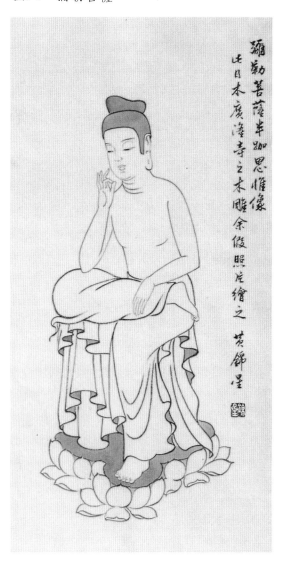

28

圖十　大勢至菩薩　圖九　觀世音菩薩

照片一

香（61好）等。也有一些標準雖能表達，卻太過異於常人，如手足指縵網相（5相）、大舌相（27相）等等。走筆到此又引發一個問題，佛像應該朝超越人間的造型發展呢？還是儘量符合正常人的身體比例？前者的功能是比較能表現佛陀超人的特質；而後者的好處在讓人容易親近。從歷史的發展來看，到了宋朝佛像造型已傾向於寫真的路子走，而一般人心理比較期待能夠親近佛、菩薩。所以我選擇按照一般人體比例來畫佛，同時在造型上也儘量本土化（畫得像中國人而不像印度人）。

## 畫法示範

最後，我爲讀者示範一下菩薩的畫法。參考的圖板是觀音木雕坐像（照片一）此雕像成於宋朝，現藏於美國波士頓美術館。

一、（起白描稿・示範一）。工筆畫的繪製，不太可能拿起毛筆就能在紙上完成美好的白描稿。我首先用鉛筆在素描紙上起稿，塗塗改改是免不了的。

草稿做成之後再拿一張礬紙舖在上面描繪，才完成一張白描稿。畫佛、菩薩除了一些特徵以外，可以參考《造像量度經》（清・工布查布譯，收於大正大藏第二十一冊），此經相當難讀，單獨那些長度單位（庹、肘、搩、指）就能夠讓人頭大，就說那基本單位「指」吧，「指」是手指的長度，一隻手有五指，到底取那一指當準則？所幸經裡的插圖（附註五）給了我們一個答案，大體上

示範一

示範二

30

合乎正常人的身體比例，所以可以借用一般人物畫的畫法來繪製。想畫好人物畫需要對人的身體結構有清楚的概念，骨骼和肌肉解剖的知識了解得越多越有幫助。不過在創作上，大綱領要比小細節重要，古人論畫常拿人頭來做基準，提出「立七坐五蹲三」的說法，雖說出要領但嫌太簡略。我個人累積一些創作心得，以後還會慢慢和讀者切磋，在此且略過細節，直接將白描稿呈現在大家

眼前。大家看過白描稿，可能會發覺和照片有一些不一樣，不過，基本姿態並不變。此外，我將木雕的台座換成岩石，筆法稍微放縱一點，左下角畫一塊小石頭，用意在平衡畫面，同時也憑添一些畫趣。

　　二、（開始敷彩·示範二）。在敷彩之前，我想和大家談一下工筆畫填彩的兩種基本方式：「平塗」和「暈染」。平塗就是把顏料均勻地塗在畫面上（如

示範三

示範四

水藍色外衣）；暈染則是讓顏色由深到淺做出漸層的變化（如淺紫色褲管）。平塗的方法很簡單，不多介紹。另一種方法則需要準備兩支筆，一支沾顏料，一支沾清水。當沾顏料的筆在紙上上過色，趁顏料未乾時馬上用另一支沾清水的筆漸漸洗淡，則會出現良好的漸層效果，這就是暈染。現在開始敷彩，第一步在處理畫面的基本色調，用得最多的方法是暈染。至於顏色的選用，有時要

參考經書的記載（例如《別尊雜記》）有時可以自己選擇，不過，如何取得協調是一個重要課題，我把外衣染成水藍色，褲管做淺紫色，天衣（飄帶）塗綠色，這幾種顏色都有藍色的成份在裡面，同時我預計這幅畫要用淺墨藍打底，所以整幅畫的基調是很統一的。上衣採用紅色，從整幅畫的面積來看，所佔的比例並不大，但因為與藍調子形成強烈對比而顯得格外耀眼，我做這種對比的用意在強調上半身的重要性。寶冠、腕釧、瓔珞我塗上黃色，所佔的面積很少，不足以構成影響。至於膚色，通常採用赭石，赭石看起來不起眼，不過，把顏料打薄時卻是一種上好的透明色，塗在白紙上就是理想的膚色。如果嫌赭石的顏色不夠紅潤，可以加一點朱膘。我個人不喜歡在瓷碟上調顏料，倒喜歡在赭石未乾時點上淺淺的朱膘，讓顏色在紙上化開，看起來比較生動自然。

三、（上底色和加重敷彩‧示範三）。上一個步驟的顏料全乾透以後，我開始打底。底色選用墨藍（墨加花青），藍色是後退色，處理背景很理想，不過這也是近百年來才廣被採用。百年前中西方的畫作大都選用棕色系做底，棕色系看起來比較有古意，讀者可以自行嘗試，菩薩的頭光採用留白，但要避免留下銳利的輪廓，才不會呆板。那麼，如何柔化頭光呢？我在顏料未乾時，利用噴霧器（澆花用的）薄薄地噴一層霧水，讓顏料自然化開。打完底色，要等紙張乾透以後才能進行下一步。下一步是加重敷彩。加重敷彩有兩個用意。其一在分

開物與物之間的距離感，例如我把左手邊的褲子顏色加深，結果，手與褲子間的距離看起來就隔開一些。第二個用意是使畫面更爲亮麗，原則上顏料可以層層疊上，疊得越多層越接近重彩畫。然而，我並不希望這幅畫畫成重彩，所以祇做局部修飾，強調效果而不加強亮麗。同時，我在岩石上打一層薄薄的顏料，顏色是墨藍和赭墨（赭石加墨）。

　　四、（添加紋飾和上款·示範四）。衣服、天衣上添加紋飾以增強畫面的美感。鍊珠賦於各種顏色，白色代表白玉，黃色代表黃金，紅色代表珊瑚，顏色的選擇視畫面的需要，祇要能使畫面更美好就行。最後上款、用印，一幅畫就完成了。

　　一九九〇年四月底脫稿

## 附註一：三十二相

　　(1)足下安平立相，足底平直柔軟，安住密著地面。(2)足下二輪相，又作千輻輪相，足心現一千輻輪寶之肉紋。(3)長指相。(4)足跟廣平相，足踵圓滿廣平。(5)手指縵網相，手足一一指間皆有縵網交互連結之紋樣。(6)手指柔軟相。(7)足趺高滿相，足背高起圓滿。(8)伊泥延蹲相，又作腨如鹿王相，股骨如鹿王之纖圓。(9)正立手摩膝相，立正時，兩手垂下長可越膝。(10)陰藏相，男根密隱於體內，係指斷除邪淫之意。(11)身廣長等相，佛身縱廣左右上下，其量全等。(12)毛上向相，身毛右旋相，佛一切髮毛，由頭至足皆右旋，其色紺青。(13)一一孔一毛生相。(14)金色相。(15)大光相，佛之身光任運普照三千世界，四面各有一丈。(16)細薄皮相。(17)七處隆滿相，兩手，兩足下、兩肩、頸項等七處之肉皆隆滿、柔軟。(18)兩腋下隆滿相。(19)上身如獅子相。(20)大直身相。(21)肩圓好相。(22)四十齒相，常人只有三十二齒。(23)齒齊相。(24)牙白相。(25)獅子頰相，兩頰隆滿。(26)味中得上味相，口中有時特別津液，味覺上好。(27)大舌相，舌頭廣長薄軟，伸展則可覆至髮際。(28)梵聲相，聲音宏亮且美妙。(29)眞青眼相，又作目紺青色相。(30)牛眼睫相。(31)頂髻相，頂上有肉隆起如髻形。(32)白毛相，又作眉間毫相，兩眉之間有白毫，柔軟如兜羅綿，長一丈五尺，右旋而捲收，以其常放光，故稱毫光或眉間光。

## 附註二：八十種好

　　(1)指爪狹長，薄潤光潔。(2)手足之指圓而纖長、柔軟。(3)手足各等無差，諸指間皆充密。(4)手足光澤紅潤。(5)筋骨隱而不現。(6)兩踝俱隱。(7)行步直進，威儀和穆如龍象王。(8)行步威容齊肅如獅子王。(9)行步安平猶如牛王。(10)進止儀雅宛如鵝王。(11)迴顧必皆右旋如龍象王之舉身隨轉。(12)肢節均勻圓妙。(13)骨節交結猶若龍盤。(14)膝輪圓盤。(15)隱處之紋妙好清淨。(16)身肢潤滑潔淨。(17)身容敦肅無畏。(18)身肢健壯。(19)身體安康圓滿。(20)身相猶如仙王，周匝端嚴光淨。(21)身之周匝圓光，恆自照耀。(22)腹形方正、莊嚴。(23)臍深右旋。(24)臍厚不凹不凸。(25)皮膚無疥癬。(26)手掌柔軟，足下安平。(27)手紋深長明直。(28)脣色光潤丹暉。(29)面門不長不短，不大不小如量端嚴。(30)舌相軟薄廣長。(31)聲音威遠清澈。(32)音韻美妙如深谷響。(33)鼻高且直，其孔不現。(34)齒方整鮮白。(35)牙圓白光潔鋒利。(35)眼淨青白分明。(37)眼相脩廣。(38)眼睫

齊整稠密。㊴雙眉長而細軟。㊵雙眉呈紺琉璃色。㊶眉高顯形如初月。㊷耳厚廣大脩長輪埵成就。㊸兩耳齊平，離衆過失。㊹容儀令見者皆生愛敬。㊺額廣平正。㊻身威嚴具足。㊼髮脩長紺青，密而不白。㊽髮香細潤。㊾髮齊不交雜。㊿髮不斷落。(51)髮光滑殊妙，塵垢不著。(52)身體堅固充實。(53)身體長大端直。(54)諸竅清淨圓好。(55)身力殊勝無與等者。(56)身相衆所樂觀。(57)面如秋滿月。(58)顏貌舒泰。(59)面貌光澤無有顰蹙。(60)身皮清淨無垢，常無臭穢。(61)諸毛孔常出妙香。(62)面門常出最上殊勝香。(63)相周圓妙好。(64)身毛紺青光淨。(65)法音隨衆，應理無差。(66)頂相無能見者。(67)手足指網分明。(68)行時其足離地。(69)自持不待他衛。(70)威德攝一切。(71)音聲不卑不亢。隨衆生意。(72)隨諸有情，樂爲說法。(73)一音演說正法，隨有情類各令得解。(74)說法依次第，循因緣。(75)觀有情，讚善毀惡而無愛憎。(76)所爲先觀後作，具足軌範。(77)相好，有情無能觀盡。(78)頂骨堅實圓滿。(79)顏容常少不老。(80)手足及胸臆前，俱有吉祥喜旋德相（即卍字）。

## 附註三：繪製馬頭觀音（圖一）的依據

文字依據《諸說不同記卷第三》。內文：「通身赤字（山圖赤黃色），三面三目（或圖無左右面），作忿怒形。上齒咬下唇，兩牙上出（山圖開口笑狀）。頭有金線冠，無冠繪（或圖寶冠有繪，二端屈曲飛颺），著耳環，環有金珠子。額有坐化佛，頂上白馬頭出現。兩手合掌，屈頭指甲相合，其無名指外又……。」

圖片依據《大悲胎藏大曼荼羅》第二十圖。

## 附註四：繪製如意輪觀音（圖二）的依據

文字依據《諸說不同記卷第三》。內文：「通身黃色，冠有化佛，著耳環珠。六臂。右手豎側掌少開，小指承頰側，頭就手。次手掌持青寶有光焰當心。次手申臂置右膝上，垂下向內，屈頭中名指，小屈小指，執念珠鬘（或圖申小指）。左手申臂垂下，指頭向左按金山上，其金山在右膝後。次手屈臂從前腋下出之，豎側掌，屈頭中指執開蓮。次手豎肘仰掌，屈中名小，申豎其頭指拄金輪臍（或圖仰拳，屈申頭中指，頭指拄之）。豎右膝蹋左趺上，坐紅蓮花（或白蓮花）。繫青珠鬘（或圖繫花鬘）。」

圖片依據《大悲胎藏大曼荼羅》第二十七圖。

附註五：《造像量度經》的插圖

釋迦佛者六大之相也
凡化身佛相除手印及坐法習儀之外皆
以是作為通式

無比喻佛之像也
凡報身佛像除手印坐相及嚴飾之外皆
以是作為通式

釋迦牟尼像之相也
凡佛母民坏相的此當程式

文殊菩薩之像也
凡菩薩天男相者除非手印坐法及嚴飾
之外概以是作為通式

多羅菩薩像
凡佛母天女相者除非手印等差別類共
餘以此式可為通用程

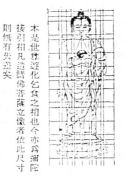

本是世尊遊化乞食之相也今亦為細陀
接引相凡造諸佛菩薩立像者依此尺寸
則無有失遊矣
共雙脚之按法乃依畫像之谷也胎倒則
跣面斜射斜向前而兩踝間有四指而兩互
指根相去須作八指之分程

金剛杵式
諸菩薩侍奉世尊在旁列立之像者以此作
式而有嚴飾則其嚴飾尖向上置於華
中

不動明王像也
以為諸明王忿怒相式

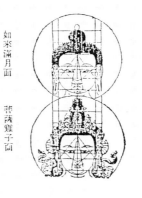

如來滿月面

菩薩雞子面

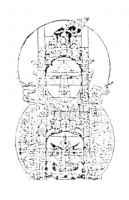

佛母芝麻面

明王四方面

35

# 佛

## 佛陀有多少？

我們常聽到佛教徒山誦「阿彌陀佛」，也常常看到山路險坡旁矗立「南無阿彌陀佛」的看板。到底阿彌陀佛是指什麼？依據《無量壽經》所記載，在遙遠遙遠的年代裡，曾經有一位綻光如來為了教化、度脫眾生而降世，以後代代相傳，

圖一　阿彌陀佛

傳到第五十四代世自在王如來。這位如來又開悟了一位國王，國王後來捨棄世間的榮華富貴，出家修行，戒名「法藏」，法藏比丘悟道以後，發願要建立一個清淨、莊嚴的佛國土，就請世自在王如來為他敷演諸佛如來淨土。歷經了二百一十億佛國以後，法藏比丘再經長期的思惟與修行，終於成就大願，實現了理想。法藏比丘成佛以後就是「阿彌陀佛」。

佛陀有多少呢？從上面小典故中，我們就看到《無量壽經》歷舉了五十幾尊佛陀，民間也有千佛、三千佛……等等說法。然而，佛陀並不祇這些數量。依據另一部經典《阿彌陀佛經》所記載：「東方亦有阿閦鞞佛、須彌相佛……如是等恆河沙數諸佛……南方世界有日月燈佛、名聞光佛……如是等恆河沙數諸佛……西方世界有無量壽佛、無量相佛……如是等恆河沙數諸佛……北方世界有焰肩佛、最勝音佛……如是等恆河沙數諸佛……。」經文裡，一再提及「恆河沙數」，恆河是印度北部平原的大河，裡面的沙子有多少呢？佛陀的數目和恆河裡面的沙子一樣多，那麼佛陀有多少？理論上說是數不盡的。

## 一般人熟悉的佛

那麼多佛陀，到底要如何去一一供奉呢？這可是一大難題。所幸一般佛教徒所供奉的佛陀依然很有限，現在就讓我將常見的加以簡介一下：

**釋迦牟尼**。釋迦牟尼於公元前四六六（另說六二○）年左右降生在迦毘羅衛（此城目前已不可尋考，據說是個小國家），是為悉達多太子。父親是淨飯王，母親摩耶夫人。悉達多太子從小就感到生老病死的無常，後來雖娶妻生子仍然日夜思索解脫的方法，最後毅然出家入山向古哲求教，開始苦行。然而七年的修行卻徒勞無功，乃獨自下山，一日來到菩提伽耶畢缽羅樹下。端正信念，發誓不證得無上大菩提就不起坐。經過長期的靜坐冥思，終於豁然開悟，修成佛陀。成道以後開始說四聖諦、八正道，正式揭示佛教精義，巡行遊化，如此經過四十九年才入滅，在人間的歲月共八

十年，是為佛教的創始人。

以上有關釋尊的生平看起來似乎太平淡了，和一般人心中的佛陀有段差距，其實一般人印象中的釋尊都經過了「聖化」的修飾。例如說摩耶夫人懷胎十個月，有一天在無憂樹下小憩，舉起右臂想攀折花枝，釋尊就從腋下生出。釋尊落地之後走了七步，右手指著天，左手指地，說「天上地下，唯我獨尊」。走過那七步路也長出七朵蓮花來。如此「聖化」的說法仍有很多，例如「降神授記」、「四門出遊」、「梵天勸請」、「帝釋聽法」、「昇忉利天」、「金棺出現」等等。

除了這說法以外，還有「本生譚」的衍展（註一）。「本生」就是佛陀的

圖三　藥師如來

圖二　金鋼界大日如來

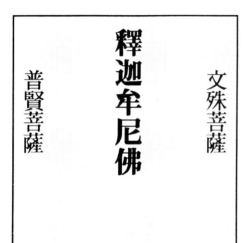

表一　華嚴三聖

| 普賢菩薩 | 釋迦牟尼佛 | 文殊菩薩 |
| --- | --- | --- |

表二

| 阿難 | 釋迦牟尼佛 | 迦葉 |
| --- | --- | --- |

表三

| 金剛藏菩薩 | 釋迦牟尼佛 | 觀自在菩薩 |
| --- | --- | --- |

表四　藥師三尊

| 月光菩薩 | 藥師如來 | 日光菩薩 |
| --- | --- | --- |

前生、在無數劫中，佛陀曾化身過國王、王子、僧侶和動物等等，犧牲自己來積行善業、修菩薩行，也就是佛的前生故事。

　　其次，談**阿彌陀佛**。阿彌陀佛就是本文第一段所述及的法藏比丘歷經五劫

圖四　釋迦牟尼

表五

藥王菩薩　藥師如來　藥上菩薩

表六　淨土三尊

觀世音菩薩　阿彌陀佛　大勢至菩薩

圖五　九品來迎圖

中品中生　中品下生　下品上生

中品上生　上品上生　下品中生

上品下生　上品中生　下品下生

庚午春英錦星繪

39

思惟所成就的如來，目前仍在西方十萬土極樂淨土說法。據說修行者臨終時唸「阿彌陀佛」就會有阿彌陀佛或諸菩薩來接引往西方極樂世界，也就是一般所說的「唸佛往生」。在我國，念佛法門起源於東晉慧遠大師（三三四～四一六年）開創的淨土宗。歷南北朝、隋，到了唐初再經善導大師（六一三～六八一年）的提倡而盛行，並影響到周鄰的韓國、日本。

再者，是**大日如來**。大日如來就是摩訶毗盧遮那佛，是真言密宗供奉的根本佛。在中國，因密教流傳不廣，所以一般人比較陌生，反倒流行於日本。

圖七　犍陀羅美術

**藥師如來**。是利益現世的如來。所謂利益現世的信仰就是惠予信徒財寶福德，和消災解厄，因為藥師如來具有保護世人遠離病難的力量而廣受大眾的信仰。

**彌勒佛**。又稱未來佛，釋迦牟尼曾預言，五十六億七千萬年後，彌勒將補祂的位置而成佛，但釋尊入滅距今不過二千多年，所以一般佛教書籍多將之歸類於菩薩，稱之彌勒菩薩，因此留在《菩薩》篇再詳述。

## 佛陀的造型

以上所談的是比較為大眾所熟悉的佛，有關諸佛的造型，就佛教經典所記載也不盡相同。不過，我還是做個嘗試，為讀者找些經典上的依據，並且自己也動手畫。

阿彌陀佛（圖一）。身淺黃色，二手相又仰在臍下，屈二頭指（按：食指），橫二大指（按：拇指）置頭指端，是名力端定印。其袈裟以前角掩左肩，臂肘至後，衣纏右腳。（見《諸說不同記·卷第二》）

大日如來（圖二）。頂有五寶天冠，天冠之中有五化佛。結跏趺坐。……豎立左頭指，其左拳背當心上，其掌面轉向左邊，即以右拳小指握著左拳頭指一節，又以右拳頭指之頭拄著右掌拇指一節，亦安心前，是名菩提引導第一智印。（見《圖像抄·卷第一》）。

藥師如來（圖三）。世流布像有二樣。一者揚右手垂左手，是東寺金堂并

南京藥師寺像也，但以左足押右脛坐像也。二者左手持藥壺，以右手作施無畏，或右手曲水指，或火空相捻。（見《圖像抄・卷第二》）。

這些資料都是從《大藏經》（大正版）的《圖像部》裡找出來的，《大藏經》有一百大冊，《圖像部》在最後面的十二冊，讀者如想知道更詳盡的資料，可以自行參閱。

至於釋迦牟尼的造型，經典上很難找到文字記載。然而，卻有誕生像、樹下思惟像、苦行、出山像、降魔成道、說法像、涅槃像和金棺出現像等八種常見於創作的體材。

## 手　印

大致說來，諸佛的造型都很接近，

圖八　秣菟羅美術

圖九

除了大日如來為菩薩造型、藥師如來結降魔坐等特徵以外，其餘就不得不依賴手印了。手印是佛菩薩的手勢，有人說佛像不能為眾生說法，祇好靠手勢來傳達意思。因此手印就成為區別佛像最簡易的方法，手印又稱「結印」、「印相」、「印契」。諸佛常見的手印分述如下。

釋迦牟尼的手印，釋迦牟尼有五種基本印相（圖四）：禪定印、施無畏印、與願印、降魔印和轉法輪印。

禪定印：左掌朝上手指平伸放在臍前膝上，右掌以同樣姿勢放在左掌上，拇指相觸。

施無畏印：手曲肘朝前，手掌向外舉起。五指上伸，表示不畏外敵。

與願印：手曲肘垂下，掌心朝外向前伸出，象徵普救眾生。和施無畏印合稱「施無畏・與願印」，通常是右手施無畏、左手與願。

降魔印：以食指（或手掌）接觸地面，請地神出現相助，又稱「觸地印」。

轉法輪印：雙掌置於胸前，左手向內，中指觸拇指，右手朝外，食指觸拇

指，又稱「說法印」。

阿彌陀佛的手印。阿彌陀佛基本上有九種印相，稱之爲「九品來迎印」（圖五），就是將念佛行者的罪業與修行分成九個等級，各別以不同的手印加以接迎。有關九品印的說法不一，以下將最常見的一種說法加以說明：上品上生：拇指與食指之指尖屈合，兩手疊合放在臍前膝上。

上品中生：拇指與食指之指尖屈合，兩手當胸，掌心向外。

上品下生：拇指與食指之指尖屈合，右手朝上，左手朝下，掌心向外。

至於中品則改爲拇指與中指屈合，下品改爲拇指與無名指屈合。兩手的位置，依上生、中生、下生比對上品的三生。

大日如來的手印。大日如來有兩種基本印相：禪定印（圖六）和智拳印（圖二）。

禪定印：爲胎藏界大日如來的印相。

智拳印：爲金剛界大日如來所專用，即在胸前右手握著伸直朝上的左手食指。

藥師如來的手印。藥師如來基本上採用「施無畏‧與願印」，這種手印和釋迦牟尼相同，很難區別。另有一種造型，則是左手持藥壺、右手仍保持施無畏印（圖三）。

### 脇　侍

以上所談的，都是一尊一尊個別的佛陀。而佛殿上卻有三佛，甚至五佛、七佛一起供奉的情形，其排列的方式相當複雜，爭議也很多，並非一般繪製佛畫的人所能澈底瞭解，然而一些佛像的基本常識卻不能不知，例如「華嚴三聖」、「淨土三尊」等等。排列的規則大致上是「佛」居中，「菩薩」分侍兩旁。以下就將常見的組合列表說明：

釋迦牟尼的脇侍，有幾種說法，一說左脇侍爲文殊菩薩、右脇侍普賢菩薩（表一）。另外，在禪律少統中有配以左迦葉、右阿難（表二），或觀自在和金剛藏（表三）的組合。其中表一就是「華嚴三聖」，中尊有另一種說法是毗盧遮那佛。

藥師如來的脇侍。左脇侍日光菩薩，右脇侍月光菩薩（表四）。另一種說法

為藥上和藥王（表五）的組合。

阿彌陀佛的脇侍。左脇侍為觀世音菩薩、右脇侍大勢至菩薩（表六），此三尊合稱「淨土三尊」。

### 有關佛像的幾個問題

最後，就讓我們來談談幾個有關佛像的問題。首先，談需不需要有佛像？西方人士常說佛教是崇拜偶像的，而且是多神崇拜。今天，我們祇要一踏入台灣的寺院，都可以看到殿上供奉著佛菩薩，說是偶像崇拜或多神信仰都無可否認。不過，據說佛像的製作在釋迦牟尼入滅後幾百年才開始。據《南傳大般涅槃經》的記載，釋迦入滅時，弟子阿難曾經為失去導師而擔心，釋迦就告訴弟子要以「法」、「戒」為導師。以後的幾百年間佛教徒都以佛塔、菩提樹、寶輪、佛足跡等等來象徵釋尊，並沒有刻意雕塑、繪製佛像。

到了一世紀中葉，西北印度的犍陀羅（Gandhara）美術和秣菟羅（Mathura）美術才漸漸萌芽。犍陀羅人原是紀元前四世紀隨亞歷山大大帝東征的希臘後裔，本來就習慣於「人神同形」的觀念，皈依佛教以後，又模仿希臘神像來雕刻佛像。在這個時候，貴霜王朝的秣菟羅也興起純粹印度式的佛像製作。這兩種美術何者先、何者後，現在已成了考據辯題，我們無從置喙。倒是有個問題，到底需不需要依靠偶像來增進人類的信仰呢？「以有限的偶像來代表絕對無限的神，是一種不敬的行為」，這是「不拜偶像」的西方人提出的看法。另外，從佛教早期的發展來看，小乘佛教徒憑恃一己的修身苦行，是效法佛陀而不依賴佛陀，也無需特別崇拜佛像。退一步說，佛像也不等於佛陀。這種種都說明了佛像的存在與否並不是那麼重要。不過，隨著大乘佛教的興起，佛像也跟著被大量製造，這當然與佛教徒祈求佛菩薩護祐有關。另外一點，在修行上佛教徒有「觀」、「想」、「定」等冥想法。說到冥想，如果能把佛像或佛畫放在眼睛看得到的地方，對集中思惟會有很大助益，這也是密教保存眾多曼荼羅的原因吧。此外，從藝術觀點來說，

釋迦出山

古今多少佛教徒為我們保留這麼厚實的文化遺產，何嘗不是可喜可慰嗎？

第二個問題，是關於早期佛像發展的情形。前面提到犍陀羅人原是西臘人，他們雕刻的佛像（圖七）也像他們自己，五官的輪廓明顯，頭髮成波浪狀。秣菟羅雕刻的佛像（圖八）臉孔就比較扁平，頭髮不再像波浪，而是螺狀型。秣菟羅的佛像比較像印度人，較能夠為東方人接受。後來佛教東傳，傳到中國、韓國、日本，秣菟羅美術就佔了上風，那頂一捲一捲的「螺髮」也成了佛陀的主要特徵。

除了早期的佛像有不同的造型以外，以後的佛像也一直在變，傳到中國的佛像慢慢變成中國人的臉型；傳到韓國、日本也同樣像他們本國人。泰國與西藏的佛像也截然不同。在翻閱有關中國古代佛像石雕的書籍時，我們還可以看到不少既像胡人又像漢人、像將軍又似帝王的佛像（圖九、圖十），如果單獨抽出其中一兩張圖片來，還真的不敢相信那是佛像。然而，北魏文成帝在承平元年（四五二年）確曾「詔有司，為石像，令如帝身。」又在興光元年（四五四年）「為太祖已下五帝、鑄釋迦立像五。」（見《魏書‧卷一一四》）以後有多少帝王如法泡製就統計不來了，人類以自己的形像塑造神由此可見一斑。基督教的《聖經》記載上帝以祂自己的形像造人，不正透露出類似的訊息嗎？即然說，人類喜歡以自己的形像造神，那麼，佛像該怎麼畫？這個問題留給畫佛的朋友去琢磨吧！

註一：本生譚的故事很多，在此祇舉兩個大家比較熟悉的例子：

**割肉貿鷹**。尸毘王在世間修行大慈悲菩薩。帝釋天為了試探他就和毗首羯摩商議，自己化做老鷹，對方化做鴿子。老鷹追鴿子，鴿子逃到尸毘王的掖下。老鷹要求國王放出鴿子，國王不肯，但答應割下自己同等量的肉來交換。奇怪的是割下再多的肉也不能與鴿肉相等，國王舉身上秤，終於因力氣用盡而猝倒於地。帝釋天感於尸毘王的至誠，就讓他的身體還原。尸毘王就是釋尊的前生。

**餓虎捨身**。摩訶薩埵王子在大竹林裡看到一隻母老虎生了七子，因過度饑餓瀕臨死亡。於是王子脫下衣物，平躺在母老虎面前，但母老虎沒有力氣吃他，王子就用乾竹子割自己的脖子，並從高山上躍下投身虎前。老虎這才慢慢舔食，最後把他吃到祇剩下骨頭。摩訶薩埵王子也是釋尊的前生。

一九九○年八月脫稿

圖六　貽藏界大日如來

# 閒談十二生肖

## 干支記年

國人比較少直接問他人幾歲，常常會拐個彎問人家屬什麼。對方要是說「屬蛇」，那今年應該是廿五？卅七？四九？六一？七三？再比對一下容貌，大概就可以知道對方真實的年齡了，年齡年年在增長，多說少講是常有的事，有時報虛歲，有時報實歲，有時忙呀忙，

忙得連今年是民國幾年都忘了，更也推算不出自己正確的歲數了。倒是生肖會記得很清楚，一個人屬一種生肖，生下來就有人告訴他「屬虎」、「屬龍」，或者「屬羊」、「屬雞」。

說起中國古代的曆法，可不是三年五載就制定完成的。讓我們打開《史記·曆書》來看，就有「夏正以正月，殷正以十二月，周正以十一月。」的說法，

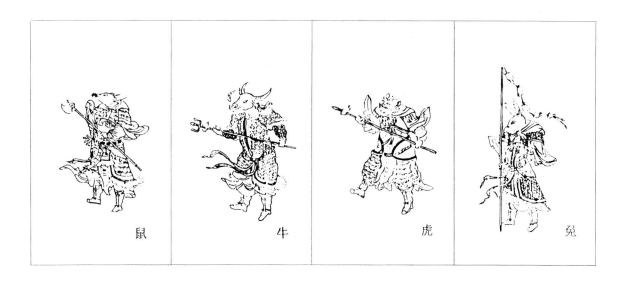

鼠　　　　牛　　　　虎　　　　兔

連頒定個正月都改來改去。同時還得看王權是否伸張，要不然，「無道，則正朔不行於諸侯。」這些艱澀的曆法當然不是一般販夫走卒能夠搞得清楚的。「你今年幾歲？」這在搞不清曆法的古人心中，何嘗不是一個難題？畢竟，我們的祖先還不知道使用「公元」的記年方式，通常會依據朝廷頒佈的年號推算。而朝廷的年號又不定時地更換，有的幾十年不變（如康熙六十一年）；有的不

龍　　　　蛇　　　　馬　　　　羊

到一年就更改好幾次（如果漢少帝辯一年內換了光熹、昭寧、永漢、中平、初平五次）。連一個「參考點」都不容易掌握，相形之下，「干支記年」仍然不失爲最方便的方式。

天干有十個數，地支有十二個數，取兩者之間的最小公倍數，得到「六十」。六十年循環一次，稱之爲一甲子。這種不失爲方便的記年方式仍然是很不方便的。

猴　　　鷄　　　狗　　　豬

### 先有生肖？還是先有地支？

「天干」與十二生肖不相關；現在讓我們來看看「地支」吧。子、丑、寅、卯、辰、巳、午、未、申、酉、戌、亥。唸起來好像頗拗口的，同時，也不是很容易記憶。或許這就是爲什麼先人另外找了十二隻動物來輔助記憶的理由吧。

鼠屬子、牛屬丑……豬屬亥，十二

生肖剛好配屬在十二地支裡面。說起來也很有趣,當我向友人提及想寫十二生肖的同時,竟然聽到一些奇怪的問題:如果生肖不是十二種,而是十種、二十八種,那會不會被配屬在天干或者二十八星宿裡頭?此外,地支有十二生肖的配屬,天干怎麼沒有另外十隻動物的安排呢?更有趣的疑問是,到底先有生肖?還是先有地支?

先有生肖?還是先有地支?在《事物紀原》一書中,提到黃帝用子丑寅卯等配以十二辰,表示月名,並配以十二命獸。從這本宋人的著作裡,談到十二地支與十二生肖在黃帝手中同時被完成。然而,這些祇能夠提供一點姑妄聽之的參考而已。就現存的一些史料來推測,

十二生肖應該是比較晚出的。因為干支在殷商時期已經被廣泛應用,而現存記載十二生肖的史料則晚至東漢,年代相隔有一千多年,這中間還歷經百家爭鳴的春秋和戰國時代,卻看不到有關於十二生肖的記載。

## 《論衡》中的十二肖

在殷墟掘出的甲骨文的佐證下,與及商朝君王命名(如盤庚、武丁等)的情形來看,干支的應用在商朝已經頗為流行了。現在,讓我們再來看看有關十二肖的記載。留存至今最早的史料應該是東漢王充(公元二七~九七)的《論衡》。《論衡》又如何記載呢?原來王

充是拿這些動物和五行相生剋的道理互相驗證。在此，我就先引用一小節《論衡》的《物勢篇》來看：「含血之蟲相勝服，其驗何在？曰寅木也，其禽虎也；戌土也，其禽犬也，丑未亦土也，丑禽牛，未禽羊也，木勝土，故犬與牛羊為虎所服也。……」提到「寅虎」屬「木」，而「戌犬」、「丑牛」、「未羊」都屬「土」。再依據五行相生剋的原理，木剋土，所以犬與牛羊都降伏於老虎。王充在《物勢篇》中，總共提到十一種物，少了一隻龍，在《言毒篇》才把「辰為龍」補足。

從《論衡》的記載來看，十二生肖與十二地支的配對，到了東漢已經確立了。此外，由王充拿「含血之蟲相勝服」和「五行生剋」互相應驗的情形來看，在他之前十二生肖已然成立而且有相當程度的流行。但多早以前就流行了，可沒有足夠的史料以資說明。

## 十二生肖起源的爭議

不祗如此，十二生肖的起源地還引發過不少爭議呢。有人說起源於印度，也有人說源自Chaldea（在巴比倫南部）。尤其以後者更令人疑信參半，據說巴比倫人拿十二獸環去配對十二星座才產生了十二生肖。十二獸環裡到底有那些動物，不得而知。今天所看到的十二星座，除了有天蟹座、獅子座等，還有非動物的水瓶座、天秤座、處女座……，並不

像中國的十二生肖純然以動物爲代表。倒是「十二」這個數字太玄妙了，東西方都存在著太多不可理解的巧合。爲什麼西方會把時鐘定爲十二小時一個循環，而中國定一天爲十二時辰？爲何東西方曆法都制定一年爲十二個月？還有，根據中醫的說法，人體內血液流行的管道，也是十二經脈。就連英制的一吋也等於十二吋。

星座與生肖很可能因碰巧有著相同的數目「十二」，而未必有相互關連。同時，我們可以看到中國四鄰的國家都受到十二生肖的影響（如韓國、日本等），卻不見巴比倫或印度週圍的國家有十二生肖的流傳。此外，中國人喜歡拿鳥獸

來配對四方八隅的風尚卻由來已久，如《易經·說卦傳》中，有八卦代表著平面空間的方位，而馬、牛、龍、雞、豕、雉、狗、羊又分別代表乾、坤、震、巽、坎、離、艮、兌的說法。另外，古人也有以朱鳥、玄武、青龍、白虎等「四靈」分鎮四方的安排。

## 爲何不選其他動物做生肖？

至於爲何選定鼠、牛、虎、兔……十二生肖，而不是大象、獅子？或者鳳凰、麒麟呢？這可就原因不詳了。雖然前人也做過不少整理，但大多屬於個人臆測之言，僅能聊供參考而已。在此，我就舉一個例子來看看，宋·洪巽在《暘谷漫錄》裡提到：「子、寅、辰、午、申、戌」屬「陽」是「奇數」，而「鼠、虎、龍、猴、狗」都有五指，且「馬」是單蹄，也都是「奇數」。反之，「丑、卯、巳、未、酉、亥」屬「陰」，是「偶數」，而「牛、羊、雞、豬」都是四爪，兔兩爪，蛇有兩舌，也都是「偶數」。乍聽之下好像有些道理，不過，說服力仍然不足。同樣的道理，爲何以老鼠爲首，而不是萬靈之首的龍或者凶猛的老虎，也就沒有人知道了。

## 十二生肖的藝術創作

十二生肖在中國流傳即久，各種工藝手繪以生肖來做體裁的創作也層出不窮。時至今日，就以新年賀卡來說，貼在信封上的就可能是當年的生肖郵票了。

每年春節期間在國立歷史博物館展出的當代名家生肖畫展，也不斷地展現出今人嘔心瀝血的創作。

在這次蒐集、參考資料的同時，我就發現到很多以前沒有注意到的藝術創作。有人捏陶，有人剪紙……有的對十二生肖做直接的寫生刻劃，也有的把牠們擬人化，形形色色籠籠統統。然而我總是對繪畫情有獨鍾。很快的就對溥心畬先生的十二生肖遺作感興趣。他把人的臉形一個個畫出動物的特徵來，譬如畫個長鼻長下巴的人，稱之為「馬形人」；畫個朝天鼻闊嘴巴的人稱之為「豬形人」。而且還給了每一「X形人」加上兩個字的評語，諸如鼠形人「盜竊」，牛形人「剛直」……。

更讓我感趣的是《三才圖會》（明・王圻及其子王思義撰，分天文、地理、人物、時令…等十四門，共一百零六卷）之中的一套十二生肖插圖（重刊於本文篇首），那是一組擬人化的創作，每個動物都有著一幅人的軀體並且身著戰袍。在中國，獸頭人身的造型也是一份古老的文化遺產，諸如大家所熟悉的地獄圖就會出現一個牛頭將軍和一個馬面將軍，分別鎮守在大門或者拘提犯人。小說《西遊記》裡的插圖不是也有一個豬頭人身的豬八戒嗎？孫悟空的頭是猴頭、海龍王的龍頭、牛魔王的牛頭……都說明了這組擬人化的創作有著古老的文化根源。

### 重畫十二生肖的經過

我的確喜歡那一組十二生肖插圖，但慢慢觀翫之後，總覺得有些美中不足，居然有一兩隻動物不能讓人一眼看出，例如虎、猴。接著，我看到那猴子把肥胖的肚皮挺在衣外，而豬卻身材亭勻穿戴整齊，在視覺上也背離了「肥豬」和「瘦皮猴」的概念，我想，把豬頭和猴頭調換一下就好了。這才使我想到，不如自己重畫一組，接著又想，同樣花時間去做，畫些小插圖不如找幾張宣紙繪製一組掛軸。於是就選定三開（69cm ×45cm）的規格。

開始著手重畫，才發覺到我已經給自己招惹太多麻煩了，原插圖還有太多

太多讓我不得不重新斟酌的地方。諸如有的動物的戰袍，同時往右飄又往左飄（如豬），到底風從那邊來？有的身材著實古怪，腿的長度比手臂短（如馬），再看那每隻動物的立姿，實在太過雷同了。我祇好一一加以修正。後來又發現有些兵器的執法在三開立軸的構圖裡幾乎無從處理（譬如牛和虎），祇好更換兵器。

於是改來改去，改到最後，幾乎所有動物的立姿都修正過，戰袍也改了，兵器也換了。大概祇剩下頭部還保留原來的方向，和手部的動作保留了一大半。兵器換了十一件，原因是為了配合構圖上的需要。

如此反反覆覆地修改，總共畫了六十多張才完成這組十二生肖。每個生肖至少也畫過三次以上，有的畫了七八次。在十二張各別完成的時候，才又發現到整體擺在一起的統一性不夠，於是又全部重畫一遍。各個動物手上拿的兵器也查證了古書而給予定名，（鼠——弓箭；牛——三爪飛索；虎——鎚；兔——叉；龍——關刀；蛇——狼牙棒；馬——長矛；羊——筆撾；猴——方天戟；雞——劍；狗——鞭；豬——斧。）總算把一椿工作完成。

有道是「事非經過不知難」。的確，我是碰到一些難題，但幾經克服之後，終於把事情告一段落，心裡卻昇起無限喜悅，反倒覺得「事非經過不知樂」了。

一九八九年七月脫稿

# 臨范曾人物畫心得

## 臨摹是學習的方便法門

　　臨摹不能當創作，但臨摹是學習的方便法門。國人在書法的學習上，很重視法帖的臨寫；在國畫的傳習過程中，也很注重臨稿。這不是落伍——而是最便捷有效的方法，如同學外國語言，直接去和老外面對面交談會比讀一堆「會話指南」來得有效。說到臨摹，我臨過很多老師的畫稿，也臨過很多書報雜誌上登載過的零簡片圖。臨摹的畫類也不局限於國畫，連水彩畫家Zoltan Szabo

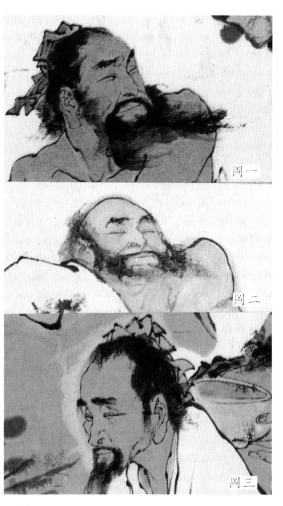

（匈牙利人）、Richard Boltan（英國人）等人的畫作和Andrew Loomis（美國人）的素描畫都是我案頭上的絕佳範本，我當這些畫冊如同書法上的蘭亭集序、智永千字文、文賦……來追摹。

我想，對一幅畫的了解，多看幾十眼，比不上臨摹一次來得深刻。向來我對自己所仰慕卻沒有機緣親聆教訓的中外畫家，常常會透過臨摹來私淑一番。近一兩年來，范曾的畫作隨著政策的開放一波波地觸動我的心靈，終於，決定撥出一段時間好好臨摹學習。

## 范曾人物畫的特色

首先我將范曾的人物畫，做個概括性的分析。

范曾的人物畫大半是閉眼的。閉起眼睛來，方便表達些什麼？表達「陶醉」（圖一）、表達「酣睡」（圖二）、「沉思」（圖三）……以及「憐憫」（圖四）等。范曾當然也會讓畫中人物睜開眼來，不過，他依然保有強烈的個人風格，他喜歡把半個黑眼珠隱藏在上眼皮裡面。這又方便表達什麼呢？那方便表

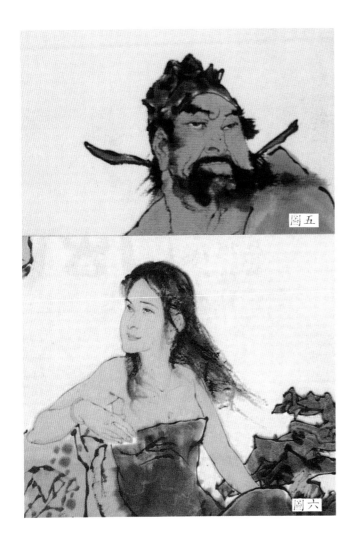

圖五

圖六

圖七

圖八

圖九

達「仰視」，更方便表達剛毅不屈的神情（圖五）；也很方便表達對某種崇高理想有著一股儘速完成的期盼（圖六），如女媧補天。

范曾畫鼻子通常是有稜有角的，有時會畫成鸚哥鼻（圖五）。除了畫側面，小孩子大多不畫鼻頭（圖七）。

畫男人喜歡畫閉嘴，而且僅祇畫一條線，嘴唇也都不畫其他線條（圖一），有時在直線上抹一點淺紅，以表示上下嘴唇。畫開口的時候，幾乎都是笑嘻嘻的，而且喜歡讓人家一眼看到畫中人物

門牙掉了一顆（圖八、圖九）。畫女人（圖六）與小孩（圖七）則畫成櫻桃小嘴，但不刻意追求精緻。

畫耳朵也是有稜有角，並且交代得很清楚。但不會與其他畫家有很顯著的不同。

范曾畫頭髮，都是大筆掃過，畫女人（圖六）、小孩（圖七）也不例外。畫鬍鬚也是幾筆帶過。畫光頭或髮根稀疏的男人，喜歡畫成橄欖頭（圖十、圖十一），也就是頭頂尖尖的。

畫頸子、肩膀、手臂時，用筆簡鍊，

圖十

圖十一

但筆筆有所依據（寫臨摹心得時會詳述）。畫手、腳時稜角比較多，顯得粗壯有力，指甲也畫得比較方正（圖十二），有時連小孩（圖十三）都不例外，我們不妨拿張大千的佛手（圖十四）來對照比較。

### 范曾人物畫的線條

　　說到線條，范曾對白描述所做的努力簡直到令人吃驚的地步，他自己形容那是「抽筋折骨」的功夫。在他自己的三首《憶江南》小令中，更把對白描的

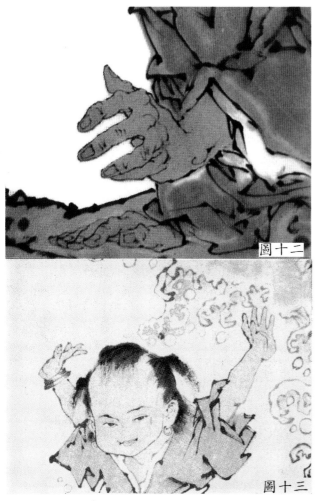

圖十二

圖十三

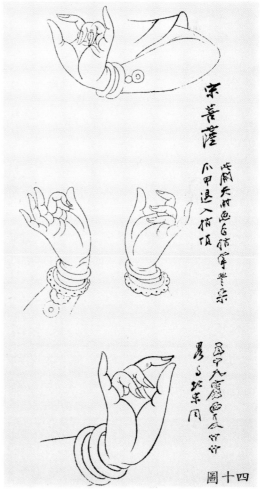

圖十四

推崇形之於文字，寫到：

　　白描美，
　　別有色與光。
　　活水眞源珠瑪雪，
　　蓮花自有透寒香，
　　勝似夏荷塘。　　——雪蓮
　　白描妙，
　　漫晒語詞窮。
　　野鶴游天迷所向，
　　清風只在淡雲中，
　　詩思入長空。　　——白鶴
　　白描堅，

　　斧鑿不能移，
　　玉石無華存皓潔，
　　眞情只有素心知，
　　歲久愈清奇。　　——玉石

　　范曾也曾很自負地說：「……我之爲我，自有我在，也恐怕是線條高人一籌。」對於自己線條的淵源，也有清楚的描述，他說：「我繼承了自張僧繇、吳道子、李公麟、趙孟頫、陳洪綬、任伯年的菁華……」。

　　范曾的線條有其獨到之處，這是臨摹時最需要用心的地方，然而也是最難

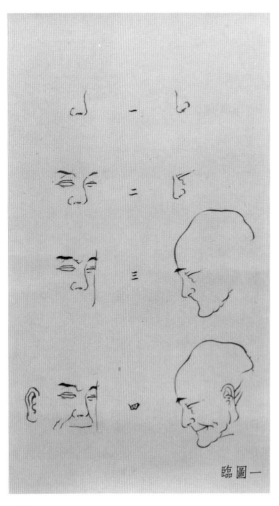

臨圖一

臨圖二

以把握的。我個人僅能盡力而爲罷了。

### 臨范曾人物畫的心得

以下將是我臨畫的實際心得。通常
我自己在畫人物頭臉時，有一個程序，
先畫鼻，再畫眼（不包括眼珠），再畫
頭臉輪廓線並添眉毛，然後畫嘴。臨范
曾畫時，我也依循這個順序（臨圖一），
畫一個光頭無鬚髮的人物，簡單幾個步
驟就算完成了。

對於鬚髮的處理，我自己分有工筆

臨圖三

臨圖四

臨圖五

與寫意兩種不同的表現方式。然而，看到范曾的頭髮都是大筆掃過，我就依著寫意的方式畫去（臨圖二）。首先用淡墨疏落地掃上幾筆（臨圖二之上），待紙本半乾時用濃墨參差地畫上，務使墨色有濃淡的變化（臨圖二之下）。至於濃墨畫過之後仍餘有不需要的留白，可以用淡墨或清水輕輕填補，目的在做好「水墨交融」。

至於白髮白鬚的畫法（臨圖三），則以清水代替淡墨，以淡墨代替濃墨。也就是，先用清水疏疏落落地掃幾筆（

臨圖三之一），再用淡墨畫出鬚髮的形狀（臨圖三之二）。待肌膚填彩完畢，則白髮白鬚就會清楚顯露（臨圖三之三）。

少女的頭髮（臨圖四）畫法與畫男人的方法（臨圖二）大致相同。我分了三個步驟，臨圖四之一、四之二將頭髮完成，臨圖四之三則搭配上一些髮飾。

再來就是填眼珠，古人說「傳神寫照，正在阿堵中」，點睛的優劣關係著人物畫的成敗。范曾的人物，大半是閉眼的，這當然無須點睛。然而睜開眼的畫也不少，我在做特色分析時曾經提過，

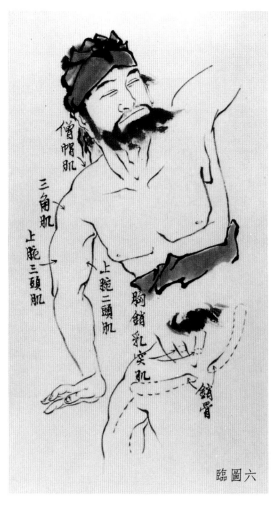

臨圖六

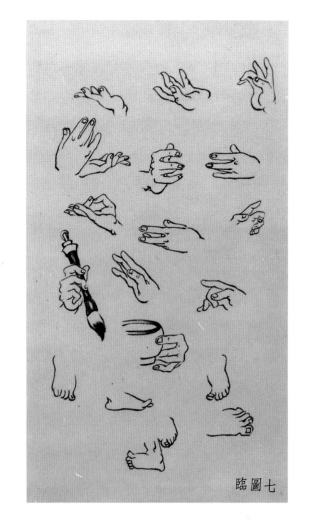

臨圖七

60

他喜歡把半個黑眼球隱在上眼皮裡面，這是垂直位置的安排。此外，我對范曾眼睛水平位置的擺放也很注意，因為這也是傳遞不同情愫的關鍵。在此，我將范曾的鍾馗畫臨摹二份（臨圖五），大體上求其近似，祇是故意把上幅的眼珠往耳朵方向移，下幅的眼珠往鼻樑中間靠。讀者可能已經發現到上幅的神氣好像比較渙散；而下幅的眼神比較集中。我作畫時，往往會先揣摩畫中人物所要傳遞的表情，然後才點睛，臨范曾的畫也不例外。但是，每次點睛之後再和原

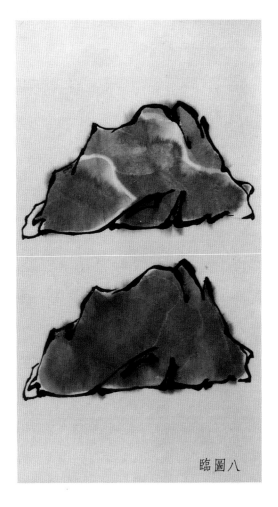

臨圖八

臨圖九

畫比較，依然會有或多或少的出入。

范曾畫頸子、肩膀、手臂時，用筆相當簡鍊，而且筆筆依據身體的結構來勾勒。雖然他不像西方畫家一般，利用面與面的關係來把肌理分得一清二楚，但幾條簡單的線條能把肌肉、骨骼表現得如此精純，那就非得具備深厚的解剖知識不可了。為了讓讀者加深印象，我在臨圖六之上，用箭頭和文字將幾處明顯的肌肉和骨骼標示出來。必要時也畫虛線輔助（臨圖六之下）。當然，我也僅祇概括性地標示而已。談到解剖學，那裡面有太多太多的細節，這是一門複雜的學問，然而將解剖學的知識拿來增強線條的表現力則是一個新的指標，古人在這方面並沒有什麼成績，范曾卻跨了一大步。

手，古人有所謂「畫人難畫手」。手指的動作對手部美醜關係甚大。然而也因為如此，每個成功的人物畫家都會在手的表現上下很大的功夫，范曾也不例外。我個人在畫手方面有點心得：將五指伸直，看來平淡無奇；屈一根指頭則增幾分變化；再屈一根指頭又多一些美妙。下筆之前再加一點修飾，例如將手指畫得修長一點、圓潤一些等等。在臨范曾人物的手部時，我當然不能加入

自己的意見，但仍然很注意手指彎曲的角度和變化（臨圖七）。

腳，范曾的腳畫得太可愛了（臨圖七），他畫的拇趾會和其他四趾形成費力併攏或用力分開的小動作。這可能是其他畫家比較沒表現那麼細緻的地方。

范曾畫衣服的皺摺，用筆剛強有力，線條變化豐富，我無能用語言形容。自從開始臨他的畫到現在，我的線條隨著一變再變，每次都覺得比較接近他的味道了。但明眼人仍然會看出我的缺失。

上墨。在生宣上運墨是很容易留下

水紋的（臨圖八之上）。水紋有水紋的效果，往往能憑添諸多墨趣。但，有時並不需要留下水紋（臨圖八之下），那就需要不同的上墨方法。我的心得是水份要足，讓宣紙吃飽水；筆勢要連綿，讓紙面不生筆痕。至於墨色重的地方，也同樣需要有充足水份，才能運筆不滯，這時要求「重墨足水」。

此外，我們會發覺范曾的畫，墨塊常常有向外暈化的現象，異常好看。這種效果如何製造呢？那是利用輪廓線未乾之前，就將墨塊填上的結果（臨圖九）。因為輪廓線裡有墨塊、有水份，輪廓線外面沒水，於是水份由內往外滲透，通過輪廓線時，把線條上的濃墨也帶出一些，效果就顯現出來。在臨圖九（懷素畫像）中，衣服的下半部效果做得恰到好處；靠肩領地方的效果就做得很誇張，這是故意將水份放多一些，以便用來比較說明。一般而言，想要強調如此效果，有三個條件，第一水要多；第二紙要薄；第三墨的膠質要輕。除了條件一以外，其他兩項都受到材料的影響。尤其是紙張的選擇更費工夫，不一定是買到薄紙就會暈得很好，也不一定買到厚紙就不暈，這需要有長年的試紙經驗。

敷彩。范曾人物畫的敷彩比較簡單，大多採用「平塗」。顏料也只用傳統那幾種。

最後，我臨摹十張范曾的作品供大家批評指正。

一九八九年三月脫稿

# 石頭的典故

## 小說中的故事

從前有一位愛石人在河裡打漁時撈到一塊一尺寬的石頭，取出來一看，四面玲瓏，峰巒疊秀，就用紫檀木製台座，供奉在案頭上。奇怪的是，每當天將下雨，石孔就會冒出朵朵雲霧，遠遠望去就像塞棉花一樣，異常好看，因此引來別人的覬覦而一度失落。後來石頭失而復得，他就不敢再擺放客廳，而另闢一間清淨的內室供奉。這位愛石人名叫邢雲飛。

有一天，來了一位老先生要求看看那塊石頭，邢雲飛不肯，謊稱家裡沒有這東西，誰知道才一進門，石頭就好端端地擺在案頭上。邢雲飛大吃一驚，而在這時候那位老先生卻說石頭是他的失物，兩人於是爭吵起來。邢雲飛要求對方提出證據，老人說那塊石頭前前後後共有九十二個孔竅，其中一個大孔刻有「清虛天石供」五個字。邢雲飛湊近一看，果真不假。老人笑著問，到底是誰家的東西，說著就拱手出門，那石頭也不翼而飛了。邢雲飛大驚，知道來者是神仙，就跑去拉他的衣角，跪著哀求不要把石頭帶走。神仙說這塊石頭魔劫未

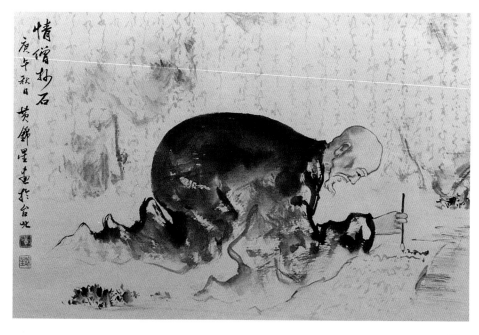

情僧抄石

黃石老人

除他必須帶回，三年後再送還，如果想強留的話，石頭的主人會減壽。沒想到邢雲飛寧肯減壽三年，神仙祇好用手指把其中三個孔竅捏平，並告訴他，石頭上的孔數就是他的歲數。

以後這塊石頭有時丟失，有時尋回，但最後仍歸邢雲飛所有。到了八十九歲，他知道自己的歲數將盡，就立下遺囑，要用這塊石頭殉葬。

以上是《聊齋誌異》中一篇奇文《石清虛》的故事，愛石愛到寧願自己減壽，未免太非夷所思了。然而，不獨有偶，中國另有一部非夷所思的小說《紅樓夢》也是拿石頭來做文章。

故事一開始就借用「女媧補天」的神話。說到當年女媧在大荒山無稽崖煉石，總共煉了三萬六千五百零一塊，補天用去三萬六千五百塊，剩下最後一塊，棄置在青埂峰下。這塊石頭經過女媧的鍛煉，靈性已通，自去自來，可大可小，祇因為看到同伴都去補天，自己無才被留下來，不免怨愧嗟嘆。

有一天青埂峰下來了一個和尚和一個道士，和尚見那石頭鮮瑩明潤，縮得像扇墜兒大小，就在上面鐫了幾個字，然後帶它到「昌明隆盛之邦，詩禮簪纓之族，花柳繁華之地，溫柔富貴之鄉」走一遭。如此又不知經過幾世幾劫，有一位空空道人為訪道求仙，來到青埂峰下，卻看到那塊石頭上面已經字跡分明，歷歷記敘自己「墜落之鄉，投胎之處，以及家庭瑣事，閨閣閑情………」的經過。空空道人知道這塊石頭有意把自己的傳奇故事留傳後世，就從頭到尾抄寫了一篇，那道人也從而「因空見色，由色生情，傳情入色，自色悟空」，改名「情僧」。這是《紅樓夢》第一回的開場白。《紅樓夢》原名《石頭記》，講的是賈寶玉和林黛玉的愛情故事和榮、寧兩府的興衰事。賈寶玉出生時嘴裡便含著一塊五彩晶瑩的寶玉，也就是青埂峰下那塊石頭投胎歷劫的經過。

此外。《西遊記》裡的孫悟空也是由石頭化育的。故事是這樣發生的：海外有一國土，名叫傲來國，國靠近大海，海上有一座山，名喚花果山。山上有一塊仙石，高三丈六尺五寸，周圍二丈四尺，上有九竅八孔，四周無樹木遮陰，左右卻有芝蘭相襯。自盤古開闢以來，

產一石卵，似圓毬樣大。因見風，化作一個石猴，五官俱備，四肢皆全⋯⋯」。「每受天真地秀，日精月華，感之既久，遂有靈通之意。內育仙胎，一日迸裂，

這隻石猴，當上花果山水濂洞的美猴王，後來大鬧天庭，被釋迦牟尼鎮壓在五行山下，五百年後保唐僧三藏到西天取經，途中煉魔降怪，全始全終，受封為鬥戰勝佛。

## 歷史人物的典故

那些石頭都被描寫得活靈活現的，儘是小說家生花妙筆下的產物，茶餘飯後拿來談天助興是再好不過，如果想認

東坡品石

真去推究真假也就不必了。現在，讓我們再來看看有關石頭的一些歷史人物典故。

首先談張良。張良（？～前一八九年）在博浪沙擊秦始皇失敗以後到處亡匿，有一天來到下邳一座橋上遇見一位老人，老人見張良走近就故意讓自己的鞋子掉落橋下，並要他下去撿。張良把鞋子撿上來，老人又要張良幫他穿。張良強忍著性子照辦，老人見他是可教之才，約定五日後清晨相會，結果張良後到；又約五日後相見，老人又先到；再約五日後見，張良終於先到。老人送給他一本《太公兵法》，用來輔佐劉邦興

頑石點頭

67

德裕臥石

漢。十三年後，張良到濟北穀城下，祇見黃石，不見老人。原來老人是石頭的化身。（見《史記‧留侯世家》）。

其次談竺道生。竺道生（三五五～四三四年）是晉宋間的義學高僧，從小就聰明穎悟，十五歲開始登壇講經，辭清珠玉，應答如流。道生博覽群籍，有一回讀法顯三藏所譯的《泥洹經》，讀到「除一闡提，皆有佛性」時，很不以為然，乃提倡「闡提人皆得成佛」的論點，為當時的舊學大家所不容，說他違背經說，被逐出僧眾。道生祇好到吳中去隱居，到了虎丘山，道生就把一些石頭聚集在一起當做自己的門生，對著石頭講經，講到闡提皆有佛性時，群石居然點頭（見《佛祖統記卷二十六》），這是「頑石點頭」的典故由來。至於「闡提」或「一闡提」是梵語的音譯，意思是「斷善根、信不具足、極欲、大貪、無種性、燒種，即斷絕一切善根的人」。「一闡提能否成佛？」到目前仍然是佛

教界爭辯的問題，在此不多述。

再其次是晉‧陶淵明（三六五～四二七年）。據說他隱居盧山時，在南府部谷中找到一塊大石頭，縱橫丈餘。每當他醉酒時就跑到上面去坐臥，並為該石取名為「醒石」。（見《困學紀聞》）

石頭冰冷，酒醉坐臥在上面以收醒腦清神的功效也有可能，祇是讀書人偏愛誇大其詞，硬是冠上一些美名。唐‧李德裕（七八七～八四九年）也有一方「醒酒石」，「醉既踞臥其上，一時既清爽」（見《素園石譜》），他還曾留下遺言給子孫，不得將藏石予人。殊不知人生在世數十寒暑，一切奇珍異玩祇不過假我們的手保管一下而已，想永世保存可就太「癡」了。

然而，就因為多這份「癡」才能多玩出一番興味來。歷史上玩石頭玩出千秋美名的有宋朝米芾（一○五一～一一○七年）一人。「米顛拜石」的作品散見於歷代繪畫、雕刻等藝術創作中。米

顛拜石的典故是這樣的，有一回米芾聽說河裡有一只怪石，就派人去取回，米芾愛石如癡，身邊奇石怪石多的是，起先也沒特別在意，等到看見那塊「石丈」才大為驚嘆，馬上整冠下拜，口說：「吾欲見石兄二十年矣。」（見《素園石譜》）這塊「石丈」到底怎麼個模樣，我們無從得知。在《素園石譜》中有一頁「石丈」的插圖，不過看起來平平常常，也沒什麼特別。米芾並不是即興的做做秀而已，他對石頭確曾下過一番研究工夫，他提出「秀」、「瘦」、「皺」、「透」四大賞石原則，到今天仍然是國人品石的重要依據。米芾的四大原則之外，蘇東坡（一〇三六～一一〇一年）還加上一個「醜」的條件，而完成「品石五德」。

「醜」怎麼也例入審美的條件呢？我想蘇東坡大概是想打破「具象之美」而提倡「抽象也是美」，乃點出這個別出心裁的字眼來。何以我有這種看法呢？東坡先生論畫嘗說「論畫以形似，見與兒童鄰」，他賞畫如此，賞石的品味大概也相去不遠吧。當然，蘇東坡也是賞石名家，談起中、日、韓都有人拿石頭供奉禪師的風氣，開風氣之先的人就是他。原來蘇東坡曾經收集有紅、黃、白的小石子二百九十八枚，盛在古銅盆裡供養。有一天佛印的使者來，蘇東坡就拿怪石供佛印，並寫了一篇《怪石供》說明自己在齊安江上看小孩戲水，和用餅乾與小孩換石頭的經過。

歷代愛石雅士的事跡不絕如縷，都散見於各種石譜裡，不過這些石譜的文

米顛拜石

字敘述大體上說來不很生動，也缺乏故事情節，在此不一一備述。

## 神話裡的典故與其他

我在想，人類文明是踏過兩個階梯走出來的，一個是「火」，另一個是「石」。「火」使人類脫離生食；「石」讓人類知道使用工具和武器。在紀錄人類進化階段裡，豈不是還保留「新石器時代」和「舊石器時代」的區分法嗎？石頭的重要由此可見。有關於石頭的種種傳說也流傳得很早。在神話裡，「女媧補天」和「精衛填海」可以說是大家比較熟悉的例子。

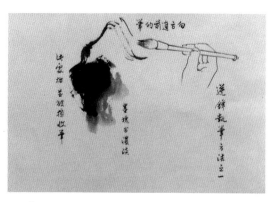

示範一

示範二

女媧補天的故事大綱是這樣的；有一天，天突然坍塌了，山林也起了猛烈的大火，地上洪水奔流，猛獸鷙鳥都出來吃人。於是女媧「煉五色石以補蒼天」（見《淮南子・覽冥記》）。女媧為何這麼熱心以拯救斯民呢？因為傳說中人類是女媧搓黃土做成的。她的角色有點像西方的上帝。另外王逸在為《楚辭・天問》做注時，曾提到「女媧人頭蛇身」。

至於「精衛填海」則散見於《山海經圖讚》、《博物志》、《述異記》等唐前古籍。綜合這幾本書的說法，是說炎帝有一女兒，有一天在東海溺斃，後來化為一隻鳥，名叫精衛，精衛常常銜西山的木石去填海，發誓要把東海填平。今天我們對某些人明知不可為而仍然奮勉不懈，就說他有「精衛填海」的精神。

石頭的典故還很多，「望夫石」就是一個流傳廣遠的例子，故事是說有個婦人為遠征的丈夫餞行，站太久了就變成一塊石頭，所以流傳廣遠的原因是中國大陸到處都有望夫石的遺址。其次，有個宣揚佛教輪迴的故事「三生石」也頗膾炙人口。故事的大綱是唐代和尚圓觀圓寂前，約老友李源十二年後在杭州天竺寺見面。十二年後李源到寺前，見到圓觀托身的牧童，騎在牛背上唱歌：「三生石上舊精魂，賞月吟風不要論；慚愧情人遠相訪，此身雖異性長存。」（見《太平廣記・卷三八七》）後人則附會天竺寺後的山石為三生石。

此外，禪宗有一則公案很能發人深思。五代僧羅漢桂琛有一回問法眼文益，三界唯心萬法唯識，那麼庭下的那片石是在心內？還是在心外？法眼文益說在心內。桂琛就問：「出家人放一塊石頭在心上幹什麼？」（見《景德傳燈錄》）法眼文益如何面對這個窘境可沒有下文。禪語公案大都如此，沒有標準答案，故能留下很多讓人參證的空間。現在有個問題是，要不要把石頭放在心上？這個問題就留給讀者慢慢去思考。

**畫法示範**

最後，我為大家示範一幅「米顛拜石圖」。

一、（畫石・示範一）畫石的方法相當多，以造型而論可以畫方、也可畫圓；以筆法來說，可圓勻，也可以枯澀；

示範三

示範四

用墨則可以濃厚以增加重量感，也可以棄之不用僅僅勾輪廓線。這一切全視構圖的需要來配合。這次示範我打算賦予石頭比較重要的份量，所以畫在黃金分割點上，同時採重墨下筆來增強對比性（對白紙而言）。雖說是重墨落筆，也有濃淡的變化而不是黑鴉鴉一片。畫法是這樣的，先把筆放在清水裡洗一洗，然後用筆尖沾濃墨，筆尖、筆肚上就會有濃淡的變化，遇到需要濃墨時用筆尖，需要淡墨時用筆肚，墨色自然不會呆滯。至於用筆，雖以中鋒為主，不過，為了製造一些圭角來增強造型和質感的變化，我也穿插一些逆鋒行筆。運筆的方式是這樣的，在沾墨時順便把筆鋒弄開叉，然後將筆側著拿，筆鋒在前，手握著筆管在後面推（仍然有提按的變化），因為筆力在逆行中受阻，勁力內藏，可製造出樸拙、粗糙的感覺。這種畫法在收筆時也需要一點技巧，我的方法是收筆前將筆一按，讓筆肚著紙，接著以皴擦結束。至於筆的選擇，我用兼毫。

二、（繼續畫石頭‧示範二）。在這個步驟裡，我特別注意黑白的比例分配，黑指墨，白是紙，也就是古人所說的「計白當黑」。不過，我讓白的比例多一點，以便下一個步驟添補顏料。

三、（上彩‧示範三）。我祇用赭石和花青兩種顏料，有些地方加一點墨以避免太過鮮亮。我趁步驟二未乾時上彩以收「彩墨交融」的效果。同時，也在石頭底下隨意畫幾筆以象徵雜草，暗示石頭在地上。

四、（畫人物、題詩‧示範四）用朱膘調一點洋紅畫一個小小人物做拜石狀。人物雖小，我仍然採用畫石頭的筆法來處理以增強其一貫性。（在本文的其他附圖中讀者也可以看到我對衣物的處理都儘量接近石頭的畫法，目的也是為了整張圖的統一性）然後題字，題上一首五絕「一拜留青史，強如百戰功，凌煙閣上筆，來寫此顛翁。」（附一）這是我在畫這幅示範當中臨時作的。最後，鈐印，並做最後修飾，一幅畫就完成了。

一九九〇年歲末脫稿

附一：現代人比較忙，所以我把這首詩大意
　　　也說明一下。米顛對著石頭拜一拜就
　　　留名青史，比起那些百戰功高的公侯
　　　將相可輕鬆得多了。使得歷代畫家的
　　　筆不畫功臣卻拿來畫米顛。至於凌煙
　　　閣的典故是這樣的：唐太宗為了表彰
　　　功臣，就建了這座高閣，上面有閻立
　　　本畫的二十四功臣像。

# 達　　摩

　　達摩——中國禪宗初祖。他的事蹟，自然很傳奇。

　　話說達摩雲遊四方，一日來到中國，晉見南朝梁武帝（約公元五二〇年）。梁武帝問他，我造寺、寫經、度僧，請你說說看我做了多少功德？達摩回答：「並無功德。」皇帝覺得很奇怪就問他，他回答，這一切都祇是人天小果，像影子一樣，看起來像眞的，其實必須依附於實物。「如何是眞功德？」皇帝再問他，他說：「淨智妙圓，體自空寂，如是功德，不以世求」。皇帝又問他如何是聖諦第一義？回答：「廓然無聖。」梁武帝聽了很不以爲然，就問他正在和我講話的人是誰？達摩回答：「不識。」這是《景德傳燈錄》的一則禪宗公案。

　　達摩和梁武帝話不投機，祇好潛渡長江北上，也因此留下「一葦渡江」的傳說。

　　渡江以後，達摩來到嵩山少林寺，面壁修道。在一個大雪紛飛的夜裡，突然發現一個中年人端立在他身旁，達摩眼看大雪就要積掩到他的膝蓋，就問他來做什麼。那人回答想求道，達摩沒有馬上答應，祇說小德小智、輕心慢心難以希求眞乘。那人一聽，毅然取出身上預藏的利刃，砍下自己的一隻手臂。達摩一看，知道他是一個不可多得的「法器」，就收爲徒弟，改名「慧可」。慧可的本名神光，據說在會見達摩之前已經是一位博通世學與佛法的學者，師事達摩以後，用功愈深。等達摩入滅以後，慧可開始到處弘法，傳了幾代，終於在中國開拓了一片燦爛的禪宗天地。

　　達摩圓寂（公元五三六或五二七或五二八年）以後，葬於熊耳山。然而，卻在葱嶺爲北魏使者宋雲所遇，達摩還告訴他魏明帝已登遐、孝莊帝即位（五二八年），那時手上拿著一隻鞋子。宋雲歸國以後奏明孝莊帝，皇帝不相信，命人打開棺槨，屍體已經不見了，祇留下一隻鞋子。這就是典故「隻履西歸」的由來。

　　然而，當代印順法師卻指出宋雲出使西域的期間爲神龜元年到正光元年（五一八～五二〇年），那時達摩還活得好好的。

　　類似「隻履西歸」的故事，在中西方都有不少的傳說。如《高僧傳》記載竺佛調（生歿年月不詳，但比達摩早兩百年左右）死了幾年以後，有一天在山中和八個弟子相遇，八弟子下山後發塚開棺，只看到衣履，不見屍體。西方最典型的例子則是「耶穌復活」。據《路

裡提到達摩渡江的地點是長蘆。我想這個傳說很可能那時候才流傳開來。因為當時的兩本禪宗重要著作《景德傳燈錄》（道原撰，成於一〇〇四年）和《碧巖錄》（圜悟禪師撰，成於一一二八年）都沒有提及。後來這個故事輾轉流傳，到了明永樂十五年（一四一七年）出刊的《御製神僧傳》已經堂而皇之出現有「折蘆一枝渡江」的句子了。

再者，對於慧可斷臂的傳說，部份當代學者持有不同的看法，達摩入滅後，慧可曾到鄴都去弘法，由於立說新穎，頗具號召力，為當地禪師道恆妒嫉而加害，慧可可能在這個時候失去一隻手臂。《續高僧傳》裡確實提到慧可「遭賊斫臂，以法御心，不覺病苦。」但《楞枷師資記》（淨覺撰，約成於七二〇年）另有不同的記載，慧可自言：「吾本發心時，截一臂，從初夜雪中立，不覺過膝，以求上道。」按照出書的先後來看，《續高僧傳》自然比較可靠，但歷代禪師多傾向於《楞枷師資記》說法，畢竟「出家非將相所能為」，「斷臂求道」比較符合禪師修行的典範。

最後讓我們來看一宗有趣的禪語公案：「達摩西來意」。達摩為何要千里迢迢來到中國呢？這個問題困惑過數不清的修禪者。現在就讓大家看一則故事。

龍牙問翠微，「如何是祖師西來意？」翠微叫他拿禪板來，翠微一接到禪板就往龍牙身上打。龍牙不解，又問。翠微又叫他拿蒲團，一接過蒲團又打龍牙，打得龍牙大叫起來。這則公案出自《碧巖錄》的《翠微禪板》。

加福音》記載：耶穌埋葬以後……「彼得起來，跑到墳前，低頭往裡看，見細麻布獨在一處。」（廿四章十二節）……「他們彼此談論所遇見的這一切事。正談論相問的時候，耶穌親自就近他們，和他們同行。」（廿四章十四節、十五節）耶穌也是留下衣物，再度活現在人的眼前。

除了「隻履西歸」以外，達摩的事蹟可疑的地方實在太多了。例如達摩見梁武帝一節，《續高僧傳》（唐道宣撰，成於六四五年）並無記載，到荷澤宗興起以後才見流傳，距離達摩入滅已有兩百多年了。

其次是「一葦渡江」。南宋范成大（一一二六～一一九三年）在《吳船錄》

如何是祖師西來意？香林回答：「坐久成勞。」（碧巖錄）。九峯回答：「一寸龜毛重九斤。」（空谷集）趙州回答：「板齒生毛。」（容谷集）依據日本學者日種讓山從歷代禪語公案中做出統計，這個問題總共被記載有二百三十多條。但都沒有固定的答案。因為禪的本質就是一塵一法也不立，超越了形式和概念。同時宇宙萬事萬物都可以用來解說禪。讀者讀到這裡，可否靜下心來想一下：「禪到底是怎麼回事？」又面對「達摩西來意」這個問題時，你心裡面想些什麼？

一九九〇年元月脫稿

附：我們在查閱古籍時常常會看到「達摩」有不同的稱謂，頗增困惑。所幸印順法師在《中國禪宗史》裡有相當清楚的解說，在此且為讀者節錄一小段：

菩提達摩，簡稱達摩。在後代禪者的傳說中，也有不同的名字。神會（七六二卒）的《菩提達摩南宗定是非論》（此下簡稱《南宗定是非論》），也是稱為菩提達摩的。神會引《禪經序》來證明菩提達摩的傳承，如《神會和尚遺集》（此下簡稱《神會集》，依民國五十七年新印本）（二九四～二九五）所說，神會是以《禪達序》的達摩多羅為菩提達摩的。因為這樣，在傳說中，或稱為菩提達摩，或稱為達摩多羅。七七四頃作的《歷代法寶記》，就綜合而稱為菩提達摩多羅。這是傳說中的混亂糅合，並非到中國來傳禪的菩提達摩，有這些不同的名字。菩提達摩與達摩多羅，被傳說為同一人。達羅多羅或譯為達磨多羅，菩提達摩也就被寫為菩提達磨了。Dharma，古來音譯為達摩（或曇摩）。譯為達摩，是始於宋元嘉（四三〇前後）年間譯出的《雜阿毘曇心論》。《雜阿毘曇心論》是達摩（即曇摩）多羅——法救論師造的。曇摩多羅論師與達摩多羅禪師，也有被誤作同一人的。如梁僧祐（五一八卒）《出三藏記集》卷一二「薩婆多部記目錄序」所載（北方）長安齊公寺所傳，仍作曇摩多羅（禪師），而僧祐（南方）《舊記》所傳五十三人中，就寫作達摩多羅了（大正五五・八九上～九〇上），神會（在北方）還寫作達摩多羅與菩提達摩，而神會下別系，與東方有關的（七八一撰）《曹溪別傳》，就寫作達磨多羅。洪洲（馬大師）門下（八〇一）所撰，與江東有關的《雙峯山曹侯溪寶林傳》（此下簡稱《寶林傳》），就寫為菩提達磨了。從此，菩提達摩被改寫為菩提達磨，成為後代禪門的定論，達摩而改寫為達磨，可說是以新譯來改正舊譯。然從傳寫的變化來看，表示了南方禪的興盛，勝過了北方，南方傳說的成為禪門定論。

# 財　神

過年時，到處可以聽到恭禧發財的聲音。在這一片賀禧聲中，當真有人在恭禧對方沒被「年」給吃掉？不是的，大家都在「恭禧發財」！發財是人人所夢想的，中外古今都不例外，所以財神爺向來是很忙碌的。記得以前讀過一對財神廟的楹聯，右聯寫著「頗有幾文錢，你也要，他也要，給誰是好？」左聯道：「不做一點事，早來拜，晚來拜，叫我爲難。」讀罷不禁教人發噱。

中國的財神，有文、武財神的區別。現在，讓我們來談談文財神。在科舉制度盛行的古代，一切財祿都可從科名中求取，有道是書中自有黃金屋，書中自有顏如玉。書本的好處就是可以當官，隨之而來也能發財，所以文財神的角色很自然就落在文曲星的身上。然而，有關文曲星投胎轉世的記述在稗官野史中縷縷不絕，誰才最有資格代表文曲星呢？這可不是一個小難題。所幸，《封神演義》中提到封神榜上封了比干做文曲星。於是比干就成了文財神了。

令人費解的是，比干連自身性命都保不住，如何能保全別人的財富，又如何能爲別人招財迎寶呢？說起比干保不住自己的性命，《史記殷本紀》中這麼記載：「紂怒曰：『吾聞聖人心有七竅。』

剖比干，觀其心。」《封神演義》中則說妲己假裝害心病，要一片玲瓏心做羹湯才能治癒，逼得比干當殿摘心。有人說，想要發財總要有幾分「沒心肝」，拿比干做財神是最妥切的選擇，那可就要看大家如何想了。

再說武財神，就不只一個了。單單《封神演義》一書中就封了五個，書中封趙公明爲金龍如意正一龍虎玄壇眞君之神，率領部下四位正神，迎祥納福。這四位正神分別爲招寶天尊蕭升、納珍天尊曹寶、招財使者陳九公、利帝仙官姚少司。趙公明是何方神聖呢？據《三教源流搜神大全》記載，乃鍾南山人，秦時避世在山中精修至道，功成後奉玉帝旨封爲正一玄壇元帥，是一位正派的神祇。但是，在《封神演義》中卻演出一個反派的角色，說成趙公明輔佐聞太師和西歧作對，還曾經把姜子牙一鞭打死（姜子牙有七死之厄，但都能起死回生，所以打不死），可說威風八面。沒想到在一次追殺敵人的半路上蹴到兩位正在下棋的散仙蕭升和曹寶，把祂的兩件寶物縛龍索、定海珠給收了去，從此元氣大傷，後來被姜子牙用頂頭七箭書拜了二十天，拜得神飛魂散死在姜子牙的箭下。封神榜上這四位部屬中，招財

使者陳九公、利市仙官姚少司原先就是趙公明的屬下；而招寶天尊蕭升和納珍天尊曹寶卻是趙公明的對頭。在民間信仰中，這五位神祇被統稱為「五路財神」。除了五路財神以外，在台灣關羽也被尊奉為武財神。關羽如何成了財神呢？很有可能是因為在《三國演義》中被塑造成「重義氣」的武將，而做生意又最講求「信義」，於是商人尊牠為商業神。然而，民間又另有傳說，說關羽在軍中兼理輜重，擅長記帳，發明了中國式簿記法，用意當然是為了強固牠武財神的地位。

此外，土地公也是財神爺之一，因為中國自古以農立國，有土斯有產，五穀都是從土地裡長出來的。今天，商人也勤於祭祀土地公，使得土地公爺爺的造像也因此有了一隻拿元寶的左手。（台灣地區的福德正神，大多右手掌龍杖，左手執元寶。）

然而，地方戲的辦仙，主生財的卻不是以上所談到那些神祇。而是晉朝的石崇。石崇在歷史上是名的大財主，曾累官至荊州刺史，他的生財之道，據說是搶劫遠使客商而致富的。生活極其奢靡，又喜歡與人爭豪鬥富，最後為人所害，死於非命。

談到這裡，我不禁有點感觸，這些財神們的晚景似乎都不很理想，不知道是古人刻意暗示「人為財死」，還是純然巧合，這個答案就留給讀者去思考了。最後，我也向大家說聲「恭禧發財」。

一九九〇年元月脫稿

# 談　畫　馬

## 畫馬憶舊

小男生喜歡夾一根竹竿在胯下，甚至要求爸爸叔叔趴在地上讓他享受「騎馬」的滋味。到了公園和幼稚園又有木馬可玩，其餘如蹺蹺板之類的道具也可能有馬頭馬身造形，在小男孩的小小心靈中，馬往往佔有很重的份量。除此之外，我的童年還有一段愉快的回憶，那就是畫馬。

以前鄉下很流行寄藥包（附一），有一回藥包上面印著一匹藍色的馬，而我又從小喜歡塗鴉，就拿那廣告當範本，不斷練習。有一天，那些塗鴉居然讓換藥包的推銷員看到了。他誇讚並且告訴我下次再來會買一盒蠟筆送我，於是我畫得更加勤快。然而，那位推銷員卻沒有再出現過。我不記得當時已經唸小學了沒有，不過對這件事卻從沒有忘記過，母親也喜歡在別人面前炫耀我這段童年舊事。

## 畫馬的難題

小時候的遊戲如過眼雲煙，回想起來還真的讓人驚懼那時光的飛逝。當然了，小時候畫馬和這次畫馬是沒有什麼

直接關聯，這次畫馬是我刻意從動物中挑選出最能表現飄揚脫俗的體材來加以研究。

說到研究，我這個人畢竟學過理工，習慣上會做一些實證的。我一邊追摹名家的畫法，一邊把素描簿捧到馬場去寫生（本文寫作時，台北青年公園旁的馬場大概有三十幾匹馬，現在馬場拆掉了）。然而，對著馬畫馬並不一定能看得仔細，所能學習的程度仍然有限。我說這句話是有感而發的，舉個實例來說，馬蹄如何交替前進？我們用兩隻眼睛看四條腿，常常會看得眼花撩亂，根本理不出頭緒來。再說，裹在肌肉裡的骨骼主宰著整

匹馬的動作，但是肉眼又不能透視骨骼的結構。於是，我又得修正自己學習方向。

### 馬的運動情形

我想了解馬腿交替的情形。首先去錄影帶店租了很多古裝戰爭片來看。眾馬雜遝的情形不用說了，光是單獨一匹馬就夠讓人目不暇給，我倒帶再倒帶，重播又重播，忙了幾天，依舊一片茫然，總覺得看四條腿在動作可能需要四隻眼睛，兩眼是應付不了的。這下子可爲難了，我只好另尋他途，到書店去找書。終於讓我找到一本 Eadweard Muybridge 著的 Animals in Motion（運動中的動物），這本書記載的動物種類相當多，也有不少文字說明，不過裡面的圖片又

小又不清晰，我沒有馬上買下來。過了幾天，朋友借給我另一本從 Muybridge 原著改編的 Horse and other Animal in Motion，文字說明都被刪掉了，照片也篩剩爲四十五組，然而，圖片卻放大了一些。我因此才得以仔細觀看馬匹運動的細節，建立起一個初步的概念。同時也從書本簡介中得知作者拍攝時所用的速度爲二千分之一秒，難怪肉眼觀察不來，也難怪 H.W.Janson 在寫美術史時

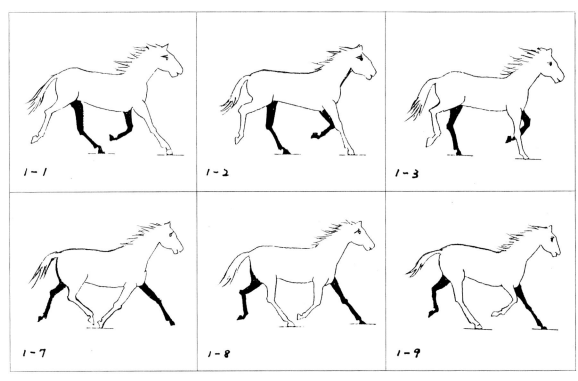

圖解一　快步走分解動作

聲稱Muybridge從此改變了藝術家對馬的觀察。

　　然而，照片雖是放大了一點，有些地方依然看不清楚，例如兩條腿重疊在一起時，常常分辨不出那一條腿靠近讀者，那一條腿退後。我於是又得費一番功夫，把照片重新描繪一遍，且利用黑白兩色區別馬腿（靠近讀者這一側白描，另一側塗黑），並將著地的馬蹄加畫一道短橫線。如此描繪了五組，每組十二個連續動作。

　　以下，就將這份心得提出來和讀者聊聊。

　　首先，讓我們觀察第一組（圖解一）連續動作「快步走」（trot），這時候，我們發現到大部份時間馬匹都維持兩腳著地，而且互成對角。也就說，白前腳

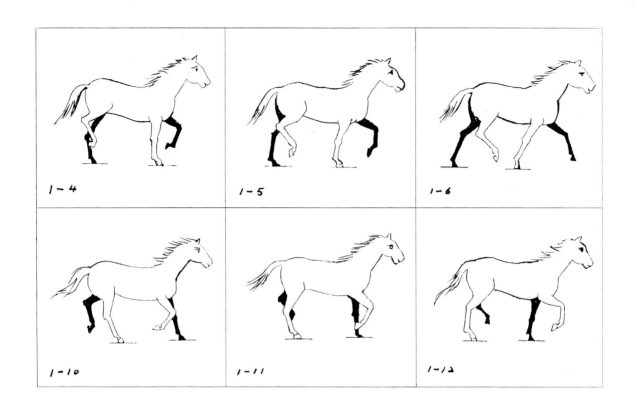

1~4    1~5    1~6

1~10    1~11    1~12

和黑後腳同時著地（圖解一之一），或
者黑前腳和白後腳同時著地（圖解一之
八）。關於這一現象，我做了一番思考，
就像一張桌子本來有四隻腳，現在勉強
用兩隻腳來支撐，大概也只能利用互成
對角的那兩隻才能穩住重心。

小啄木鳥

錦星

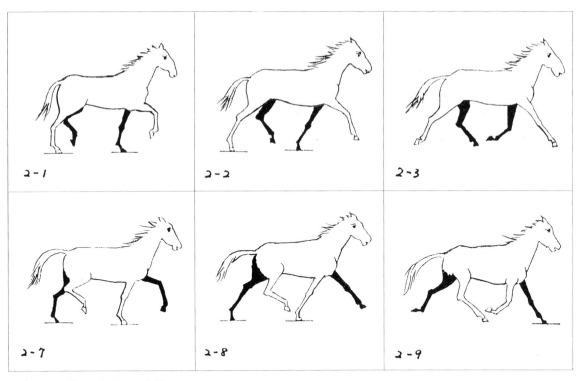

圖解二　快步走分解動作

同時，我又發現另一個現象，那就
是同一側的兩條腿要不就分得開開的（
圖解一之一的兩條白腿），要不就互相
靠攏（全圖之兩條黑腿）。這種現像和
人類走路的情形是相似的。人走路時右
腿往前跨右手向後擺，不正和圖一之八
的兩條白腿類似嗎？同理，左手伸前左
腿留後又與其餘兩條黑腿相似。以上是
馬兒走路的最基本步伐。

然而，馬可是活潑蹦跳的動物，不
會永遠那麼中規中矩走路，有時候也會
來點不一樣的動作。在另一組（圖解二）
也是「快步走」的連續動作中，我們就
看到牠跳起來在空中交換步伐（圖解二
之三）。

最不可思議的是，經過訓練的馬還
會走一種步伐「溜蹄」（amble），這

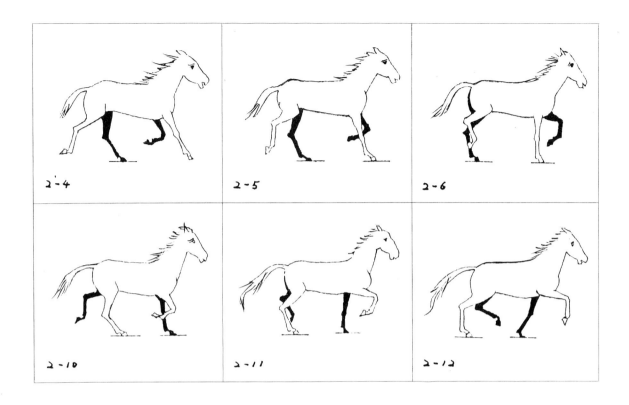

2-4　　2-5　　2-6

2-10　　2-11　　2-12

可能是其他動物所沒有的獨門功夫，因
為這種步伐必須抗拒重心的不穩。「溜
蹄」（圖解三）是怎麼回事呢？那就是
同側的前後腿同時並舉的步伐（圖解三
之一的兩條黑腿並舉、圖解三之四的兩
條白腿並舉）。因此，當我們看到一些
畫家畫出這種馬步時，可不能說人家犯
錯。不過，溜蹄時同側的兩條腿似乎有
一個規則存在，那就是兩條腿同時舉起
並且向前跨步。如果把同側舉起的那雙
腿畫成前後腿行動方向相反，那可就錯
了。

　　剛剛提到馬兒可是活潑蹦跳的動物，
不會一直安步徐行。現在讓我們再看看
馬的另一組（圖解四）常見步伐「奔跑」
（gallop）。仔細觀察牠的四蹄，有時
一腳著地，有時兩腳，有時騰空躍起，

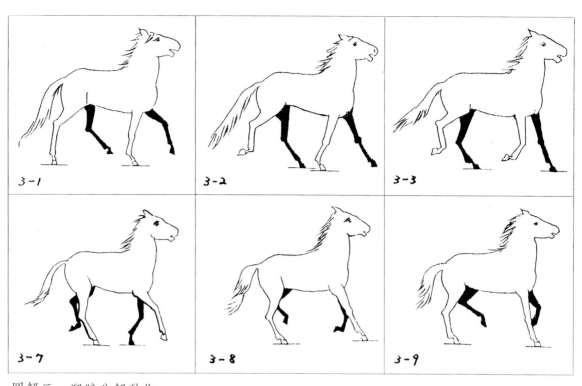

3-1　　　3-2　　　3-3

3-7　　　3-8　　　3-9

圖解三　溜蹄分解動作

圖解六　馬的骨骼結構

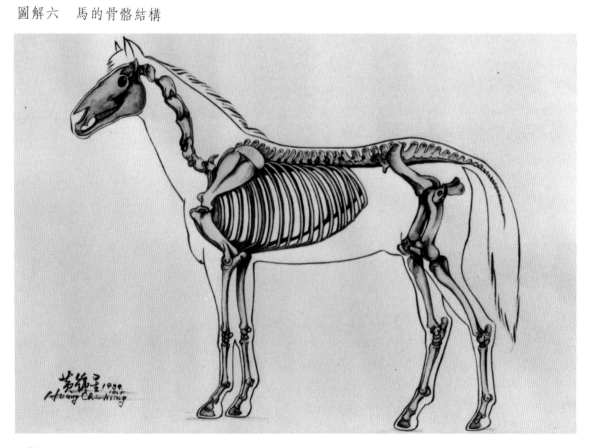

84

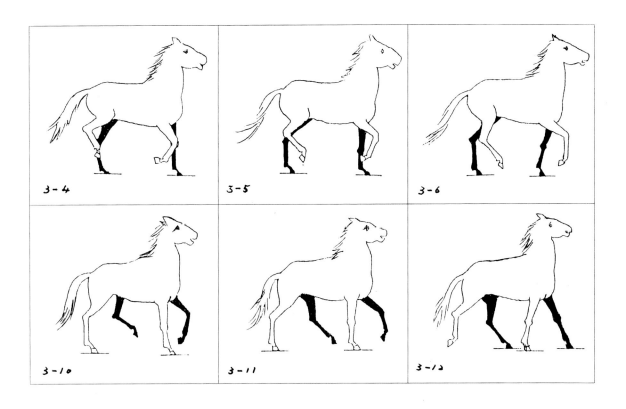

3-4　　3-5　　3-6

3-10　　3-11　　3-12

圖解七　馬的肌肉結構

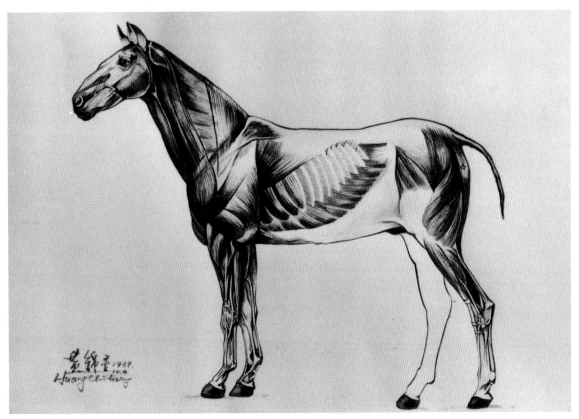

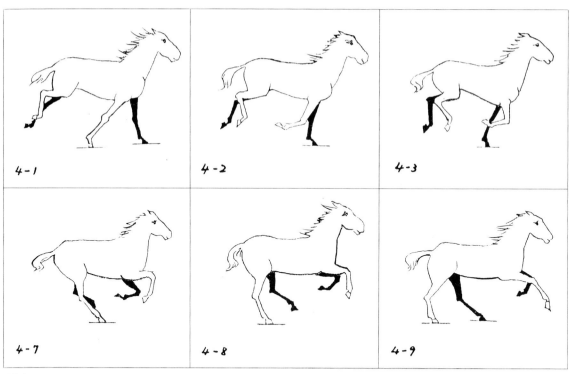

圖解四　奔跑分解動作

變化比較複雜。不過，耐心的觀察，我們會發現馬腿換步的情形仍然沒有脫離「快步走」的規則。祇是，馬的重心會向前傾，馬腿彎曲的幅度也比較大。此外，根據實際觀察以及專家提出的看法，馬在奔跑時背骨仍舊保持相當平直，如此體力的消耗才不會太大，同時也可以載人。

最後，我想讓大家多看一組（圖解五）連續動作「躍欄」（jump）。馬腿運動的情形大致是雙起雙落。然而，有兩點我想談談，其一，後腿過欄時，臀部往往會連同兩條後腿側向一邊，關於這點，圖解五連續動作表現不出來，讀

示範一

示範二

86

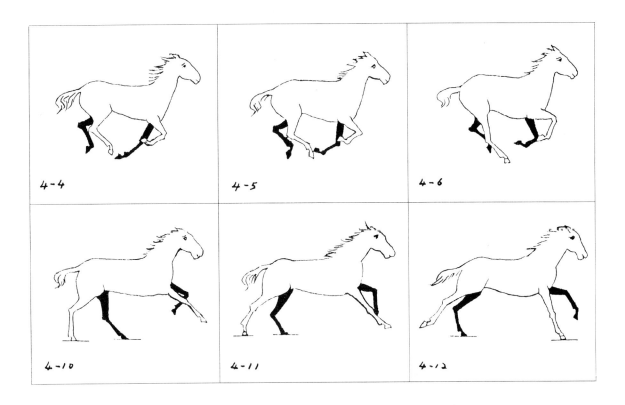

4-4　　　　4-5　　　　4-6

4-10　　　　4-11　　　　4-12

者最好能找到影片來看或者到馬場去實
際觀察。其二，前蹄落地的細節（圖解
五之六至之九）不可忽視。白前蹄落地
後，黑前蹄才慢慢著地，接著才換成慢
跑的步伐。

### 馬的身體結構

示範三

馬的運動情形大致了解之後，我緊
接著找尋有關骨架、肌肉的資料。尋找
的經過還算順利，直接去找畜牧、獸醫
系的教材，終於找到一本The Anatomy
of the Domestic Animals (家畜解剖學），作
者Robert Getty，全書厚達兩千多頁。

我很快地找到馬的全身骨架，為了

示範四

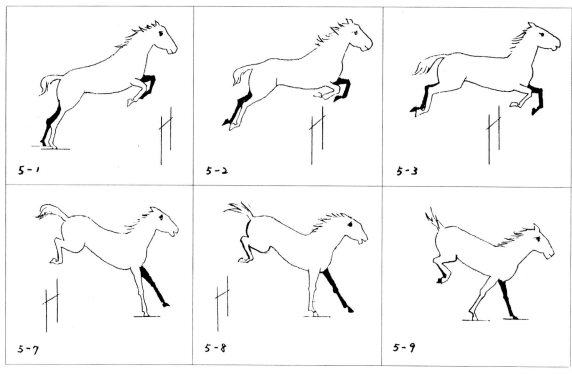

圖解五　躍欄分解動作

加深自己的印象，並將原圖重新畫過一遍（圖解六）。接著又找到肌肉分佈圖，書上有表層肌肉和內層肌肉兩部份。我挑選表層肌肉來重畫，但在繪製上就不如畫骨骼那麼輕鬆，因為書上沒有一張全馬的肌肉分佈圖。祇好將四張圖拼在一起，結合成一張（圖解七），到最後只畫了三條腿，第四條腿因找不到資料而留空。

經過這一番整理之後再跑馬場去看馬就清楚多了。我開始注意其他細節。但為避免行文太過冗長，祇簡單地提出兩點。首先談一下馬的耳朵（圖解八），馬的耳朵很靈活，有時候會豎起來（耳洞向前），有時候向兩側平放（耳洞分向兩旁），有時貼放在後面（耳洞向後），據說遇到有危險時還能夠一耳向前豎起

另一耳向後轉以提高警覺。其次是大小馬的身體比例（圖解九），大體上說來，還未成熟的馬，腿顯得比較長，馬尾比較短。

### 馬的畫法

圖一

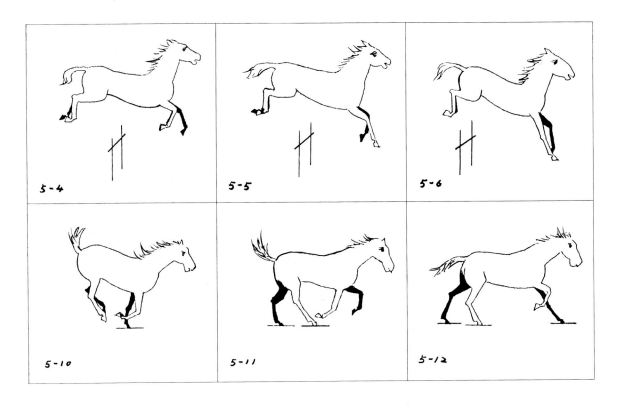

5-4　　　5-5　　　5-6

5-10　　　5-11　　　5-12

最後，我想和讀者共同研究一下馬的畫法，首先我依據圖解七畫一張馬的輪廓線（圖解十），並且在馬腹與馬背中間劃上一道直線，定爲標準值「1」，然後把全身相關的比例用數字表示出來，我爲何要這樣做呢？首先我考慮到馬的品種繁多，迷你馬和阿拉伯種當然不會一樣，所以找一匹看起來順眼的馬來做參考（圖解七的剖解圖剛好符合了我的要求）。也就是希望在心中建立一個基本比例值，就像畫人物要拿人頭做基準，然後立七坐五地遵循，才不會在隨機創作時亂了自己的方寸。當然，這些比例僅供參考，不宜死守。

在此，我就爲讀者實際示範一下馬的畫法。

我挑選圖解四之五的馬姿做素材，

而將過程分做四個步驟：

一、（先將馬的輪廓線用淡墨勾出·示範一）。用淡墨有兩個用意：其一，爲了預防出現些微差錯時有個補救的機會；其二，當畫作接近完成時，有一些線條需要用比較重的墨來加強，這時候不必加強的地方就會對比出不同的濃淡變化。此外，爲了不使線條過於僵硬，

圖二

89

圖解八

馬耳的運動情形

我會在某些地方先用一隻沾少量清水的筆在紙上抹過再畫線，如此，線條會微微地化開，看起來比較自然。同時，四蹄不畫得太清楚，這是和草地連接的介面，畫得太板太死都會破壞一幅畫的整體感。

　　二、（填第一道彩・示範二）。這匹馬預定畫成棕色，所以我選用赭墨（赭石和墨）來敷彩。我先準備幾個瓷碟子分別調好不同濃度的顏料，用量比預定使用的多一些，因為用剩的可以丟棄，

如果不夠用而需要臨時調色常常會調不出原來的色相與濃度。此外，色相也在調色碟子裡先區分好，原則是從黑色到棕色間做變化。這時候才開始上彩。第一道，上比較淡的彩，運筆稍微快一點，如此才容易顯現墨彩變化的趣味，尤其是畫在沒上礬的紙上（生宣、生棉等）效果更明顯。在這個步驟裡，我順便用乾濕不同的筆，把野草畫個大概。

　　三、（上第二道彩・示範三）。這一道色彩比步驟二要來得濃，且必須在

圖三

圖解九
大小馬匹的比例對照

第一道彩未乾前就加上去。如此才能和剛剛的淡彩密切交融。此外，也把明暗做個交待（不一定要符合自然光源），以便做出立體的感覺，運筆依然要快，筆的運動方向儘量符合肌理和骨架的結構。

四、（細節的修飾‧示範四）。這需要分兩種方式來進行，也就是「趁濕處理」和「乾後處理」。趁濕處理就是趁前兩道步驟未乾時用一些較濃或較乾的筆重疊上去，用意在加強骨架肌理。乾後處理則需等整張圖都乾透了（為了節省時間我用吹風機吹乾），才加以修飾。至於這兩種方法應用的時機如何呢？當處理的部位需若隱若現時（如骨骼的位置），則趁濕處理。反之，需要肯定表現的地方（如輪廓線的加強），則等乾後處理。至於背景的渲染，我也留在這個步驟來做、野草添增了一些，都等渲染後才加上去，同樣也分趁濕和乾後兩種處理方式。最後落款、用印，一幅畫才完成。

馬的畫法相當多，我選用前面的方法是有原因的。因為那是一種折衷的表現法，熟悉這種方法以後去學其他畫法會比較容易。

在此，我用幾種不同的畫法畫幾張圖給大家比較。首先，用筆收斂一點就成了線描畫（圖一）。線條當然可以畫得細細勻勻的，如遊絲描、琴絃描等，不過，我偏愛線條多一點變化，如果想讓線條更富有變化，則運筆時需要「提中帶按」、「按中帶提」，這點和書法有相當的關聯。

其次，運筆放縱一些就成了寫意畫（圖二）。寫意畫千變萬化，各家有各家的手法，實在很難概括而言。不過，有個重點我想提出來跟大家交換心得。那就是下筆之前需要將濃墨和淡墨的分配做個腹稿，而且這個腹稿必須容許相當自由的選擇與發揮。在圖二中，我把濃墨塗在鬃毛和頸子上。我當然也可以做出不同的選擇。例如用乾筆刷出白鬃毛而把濃墨放在馬的臀部等等。

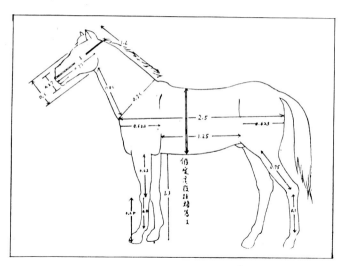

圖解十　馬的各部位比例

最後，我加上光影，畫成一張水彩畫（圖三），方法也就不多談了。

　　　　　　一九八九年十二月脫稿

附一：本文刊出之後，很多人問我「寄藥包」
　　　是怎麼一回事。寄藥包是這樣的：以
　　　前鄉下藥房很少，交通又不方便，所
　　　以有些藥商就將常用的藥品（如感冒
　　　藥、胃腸藥等）約十餘種裝成一個紙
　　　袋子（紙袋大約比四開紙小），分別
　　　寄放在每個家庭，然後定期（可能是
　　　每個月一次）到人家家裡檢查藥包，
　　　如果發現藥件短少，就向那戶人家收
　　　藥費，稱之為「換藥包」。寄藥包大
　　　概流行於民國五十年左右，那時候一
　　　戶人家大概都寄有三、四袋的藥包，
　　　每個藥袋印有不同的商標與圖案，在
　　　印刷品短缺的當時可以說得上「包裝
　　　精美」了。

# 臨徐悲鴻馬畫心得

### 徐悲鴻的馬畫得很差嗎?

今天在台灣的水墨畫馬名家中很少有不受到徐悲鴻( 1895-1951 )的薰陶,做為一個學習者,我在一九八九年寫《談畫馬》時也曾經臨過他的畫,不過,並沒有很認真,那時候我畫的馬主要是取法於嶺南的畫風,所以只對他的畫簡單的體驗一下而已。以嶺南常見的畫法來相較,徐悲鴻的馬是奔放了許多,也比較難於學習。幾年後,我終於又撥出時間來重新臨繪。

一提及徐悲鴻的馬畫,有的人會立即豎起大拇指稱好,有的人則不以為然,甚至還有人會問,徐悲鴻的馬到底好在那裡? 在此,就先讓我探討一下幾個可能使讀者誤以為徐悲鴻的馬畫得很差的原因,徐悲鴻的名氣太大了,只要有他的簽名,不管那幅畫好或壞都有人會小心保存,名家的畫是值錢的,很少有人會和金錢過不去,也自然有人樂於印刷出版。於是乎,雖不見得人人有機會見過他的真跡(真跡大部份在大陸的徐悲鴻紀念館),卻人人看過他畫作的印刷品,而問題就出在這些印刷品上面。這些印刷品的原作有很多是應酬畫,常看到的題款就是「悲鴻」兩字,或加上簡單的年月,要不然,題上某某先生雅教,這些畫的品質大多不高。為何這些品質不高的畫反而有人要去出版呢? 我想,有可能是有人想脫手那些畫作而利用印刷品來促銷;也有可能是,那分明是一張假畫,故意利用印刷品的強勁訴求力誘導讀者相信是真跡。不管以上的那一種假設屬實,這些品質不高的印刷品都讓徐悲鴻的畫作在讀者的心中留下壞的印象。

### 劃時代的馬畫

徐悲鴻的畫到底好在那裡? 我的看法,他的馬畫是「劃時代的」。為什麼說他的畫法是劃時代的呢? 首先,我們

圖一

得簡單的複習一下中國畫馬的歷史，在漫漫的年代裡，馬畫一直處於停滯的狀態，明、清以前留下的好畫作，不論是雙鈎添彩或者是純粹白描，幾幾乎都是線條畫。以後，雖逐漸出現利用墨塊處理的畫，但，大都表現不出馬的那股英氣。這當然是有原因的，中國畫自古著重的兩大要素「線條」與「墨塊」是有截然不同的屬性的。線條剛硬、肯定，用於畫像馬這樣需講求「力與美結合」的體裁確實是很合適的，反過來說，墨塊要用水加以暈化以製造不同的層次變化，而暈化的墨塊先天就是流動、柔軟

的，不容易表現剛強的體裁。但就整張白漆漆的宣紙來說，純線條總是不及墨塊在畫面上來得有份量，所以，要如何讓筆墨相互為用就成了歷代畫家努力的目標。像任伯年就曾經在這方面下過功夫（圖一），但仍沒有把馬的英氣逼出來。我個人的看法是，到了徐悲鴻才真正做到了「力與美的結合」，馬的英氣在他的筆墨互用下呈現出來了，這也是我對他的馬畫最佩服的地方。

## 徐悲鴻馬畫的特色

現在讓我們來看看他的馬畫特色。徐悲鴻曾畫過工整而帶有光影的馬（圖二），畫法上有郎世寧的影子，然而，這方面的畫作留下的並不多，他的馬仍以水墨為主，且在那漫長的畫馬歲月裡風格變化得很少。以下就把他的風格簡略的介紹一下，徐悲鴻的馬稍偏於線條但墨塊也未捨棄，他的造型能力強，下筆也有力，所以運用了不少線條來繪製輪廓，且不時的利用凹凸的輪廓線來暗示肌肉、骨骼的變化。墨塊方面，又可分為畫在鬃毛、尾毛上，以及塗抹在身體上兩方面來講。畫在鬃、尾毛的墨通常是焦墨或濃墨，運筆很蒼勁且誇張，中鋒、側鋒相互為用，基本上仍是線條的擴充，像在畫比較粗的線一般，所以他的馬看起來比較剛毅。至於馬身上的墨塊，用筆就比較柔了，主要的用途在加重馬在白紙上的份量，其次就是做光影的暗示以表現體積感。

再者，就身體上各部器官的特色來

圖三

說，他的馬耳豎得很挺，鼻孔很大，眼睛通常是涵涵糊糊的一筆濃墨帶過。馬腹很圓，馬腿畫得很長且喜歡用濃墨，馬蹄則改用明顯的雙鉤。據他自己的說法是，大鼻子代表著肺活量大，且長腿才跑得快。

至於徐悲鴻畫馬的紙，從一些印刷品來推敲暈化的情形，可能用了不少半礬的紙，甚至熟紙。

### 臨畫前的準備

好了，分析過一些特色以後，就讓我來臨繪他的圖，臨他的畫很不同於臨別人的，他的水墨畫和他的字一樣（圖三），有時候看起來好像不太重視一般常見的筆法，提、頓、轉、折並不明顯，墨塊的添入也很隨性，真的「似有法，又似無法」，很難理會。有時我臨一臨也會臨不下去，但隔一段時間把自己的臨圖和他的畫比對比對，又會重新再臨，我簡單的說一句，他的馬畫裡有一股英

氣在，這點始終吸引我孜孜不疲的學習。

　　正因爲他的筆墨難於捉摸但英氣逼人，所以我這次臨繪已不再遷就他的畫法，除了構圖之外就用自己的畫法畫去，而把注意力集中在補捉那股英氣上面。同時，對於徐悲鴻提出的主張也不完全遵循。譬如，他那大鼻孔代表肺活量大的見解我就不覺得有道理，先不要說馬，單看人也沒有這種現象，一些國際性馬術比賽的錄影帶、影片我也看過不少，就沒看到鼻孔特別大的駿馬。此外，對於那涵糊的眼神也想加於補充，傳神寫照盡在阿堵中，我認爲應當多加詮釋。而誇張的鬃毛和修長有力的四肢則儘量加以保留，這些確實有助於表現馬的英姿。

　　此外，臨繪前必須先挑選一下自己喜歡的圖版，瞭解一下那些圖的特色，甚至進行一番解讀，這樣的臨繪才能吸收到更多的養份。譬如說，徐悲鴻有一套「不平衡中求平衡」的理論（附一），那就得選出最具代表性的圖來臨。還有，有的圖氣氛很美，譬如三匹馬一齊飲水，兩匹親熱，一匹疏遠，我也儘量重塑那種情景，甚至強調那匹疏遠的馬既羨且妒的眼神（圖四）。當然了，也不能捨棄較大的圖，如《九方皋》（成於1931年，原尺寸138cm×351cm）。

## 《九方皋》的解讀

　　徐悲鴻畫馬甚少畫鞍，《九方皋》是一幅很難得的鞍馬圖，此外，也是一幅大畫，體裁雖來自《列子》的《說符》，卻寓寄著他個人的自況（附二），在創

圖四

作上相當用心。

　　在臨畫之前我難免要讀一下《列子》的這篇短文，故事的內容是這樣的，秦穆公有個得意的相馬手下叫伯樂，伯樂年紀漸漸大了，秦穆公就問，在他的子孫當中有沒有可以繼承他相馬工作的人選。伯樂說，眞正的「天下之馬」是若滅若沒、若亡若失，氣質撲朔，很難捉摸的，而他的那些子孫只能辨識良馬，卻不能辨識千里馬。秦穆公很著急，要他找個繼承人，伯樂就推薦九方皋，九方皋於是銜命去找馬，三個月後終於找到一匹，秦穆公問他是怎樣的一匹馬，他說是一匹黃色的母馬，但等到秦穆公叫人把馬牽來一看，竟然是匹黑色的公

馬，秦穆公就抱怨伯樂，這麼一個黑黃不分、公母不辨的人你怎麼也推薦給我，這玩笑開的太大了吧。伯樂聽完歎口氣說，這就是九方皋高明的地方，他這個人眞的窺探到馬的天機，一旦給他看透實質的內涵，連外表都可以遺忘。於是他說出一段很有哲理的話，說九方皋這個人是「得其精而忘其粗，在其內而忘其外，見其所見，不見其所不見，視其所見而遺其所不見。」那匹馬一試騎果然是千里馬。

　　現在再回頭來看看徐悲鴻怎樣表現這個體裁，他畫了四個人物、四匹馬，構圖的右上方有兩顆大樹，左下方有一叢叢的雜草。接著，看那四匹馬的比例，圖中央的馬畫得特別高大，四個人物之中也把九方皋畫得高出許多，這是古中國處理畫面主從的方式之一，不一定符合理性的透視比例，畫作的主角當然是九方皋和被相中的馬。九方皋看著那匹

馬，還在仔細的評估，那匹馬卻已經心神震動了，眼神一亮注視著九方皋，好像在告訴觀眾牠終於等到了識馬的人了，而把場景帶到一個戲劇性的高潮。牽馬的是一個胡人，肌肉結實，但因身份卑微，低著頭不表示意見。九方皋的右手邊的兩個人是批評者，一個（站在前面的）開口批評，一個不懷好意的冷眼旁觀。最右手邊的那個正在照顧其他馬匹的人卻把眼神移到黑馬的身上，似乎很關心那匹馬的命運，這個人畫得比其他三人小，身邊的馬也小很多，有距離感的暗示。三匹馬當中有兩匹站著，一匹正在吃草，都很悠閒，對整張圖來說只是陪襯的角色。

以上是我對他的畫作的解讀，並不見得符合徐悲鴻當年創作的原意（他的意圖我們無從知道），但我自己必須有一番見解，在臨繪時心中才有個主宰。

### 實際臨繪

這次的臨繪，我選的圖不多，但是，每張都臨過很多遍，對於結構比例也一再修正，總希望借這次的練習提昇自己的水準。不過，仍有很大的取捨，例如《九方皋》就沒有全臨，少畫了左手邊的一個小角落，一匹半的馬沒有畫入，原因是一時沒有更大的紙張（我用的紙張為 89cm×167cm）。但已經不很在意了，我的目地只在吸收徐悲鴻的優點，並非想重現他的畫作，且就重臨的那整張圖的完整性還是顧慮到的。

至於我的用紙，雖然我推判徐悲鴻用的可能是半礬的紙，但沒有刻意去找類似的來畫，只用了兩種大陸進口的生宣。這也是有原因的，前不久有位朋友送給我兩千張這樣的紙，這一陣子我也用習慣了，懶得再換來換去。題款則一律意思意思簽兩個字，不寫臨徐悲鴻的字樣，因為不依他的筆意來畫，多寫反而成了添足蛇。

依照往例，我應該對讀者交待一下畫法的。但因這次沒有刻意揣摩徐悲鴻的畫技，所以沒這麼做，反而向讀者介紹了一堆解讀畫作的功夫。就我所知，早期學畫的人，大多會埋首於畫技的學習而失之整體分析的能力，如果讀者中有人正在此階段，趁讀這篇的同時調整一下，擴大自己吸收的能力。最後，順便為各位介紹一本好書，《徐悲鴻研究》（卓聖格著，台北市立美術館印行）。

一九九二年十二月脫稿

附一：徐悲鴻悟出一個把馬畫出動感的道理，他說：「要想讓飛跑的馬在紙上動起來，就必需把牠畫歪了，『歪』就是『不平衡』，怎麼『求平衡』呢？通過一歪一正的佈局和用馬的尾巴、四肢、頭來平衡畫面，因為馬的身體部份是不能動的，可動的部份是頸、頭、四肢和尾巴，抓住可動部位來反襯不可動的部位就可把整個馬畫活。」（引自《藝海雜誌》第三卷第五期）

附二：有關徐悲鴻拿九方皋自況的說法有這麼兩種：其一，他自己在貧寒中被提拔與賞識，心存感激，另一方面則是自己也以九方皋自我期許。徐悲鴻生於江蘇省的一個鄉下，父親徐達章是一位民間畫師，從小家境不好未能正規的受教育，由他的父親親自教讀書、學寫字。十三、四歲時家鄉連續發生水災，家境更惡劣，不得已，隨他父親四處流浪，一路上為人畫肖像，為廟宇畫神像等等。十七歲時，他的父親罹患重病，一家的生計開始落在這位長子的身上，十九歲時，父親辭世而他也成家兩年了，生計更是困難。這樣一個寒微出生的人物，且處在那兵荒馬亂的年代，竟然能爭取到公費，做短期的赴日本研究美術和為期八年的留歐習畫，其中自有貴人從中相助，這些人包括名滿天下的康有為以及北大校長蔡元培。但是，他又為什麼會被特別賞識呢？這就好比千里馬與九方皋了，這是徐悲鴻以感激的心情自況千里馬的前半段。等到徐悲鴻留法歸國後，開始任教於各大學府，在那漫長的藝術教育生涯中，除了有計劃的引進西方學院教育的制度外，還積極的網羅當時國內最優秀的教師群，以及培育新生的後繼者。這時，他才以九方皋自許而遍求千里馬。

# 百 鷹 圖

## 創作的原由

我從一九八二年以來一直都在學畫，學的種類形形色色，包羅很多。大約從八八年開始嘗試把不同畫類的學習心得做些整理，一方面給自己複習和激勵的機會，一方面也提供同好的分享與批評。那幾年發表的文章有探討：吉祥圖、十二生肖、馬畫、鷹畫、佛畫、人物畫、石頭的典故等等，也有水彩畫的「照像寫實」。由於我幾乎每寫必畫而涉獵的種類又多，所以每當工作告一段落都會覺得自己又進步了許多，心裡很充實。然而，九二年以後我就暫停了，原因很多一時間也說不明白，其中之一就是，我不再喜歡那麼東探一會、西摸一下，而希望能在單一主題上投注更多的時間、精力，以便做較深入的探索。回頭說，以往我每做一個主題所花費的時間大約是三、四個月，畫作只十張左右，這樣的工作量是夠不上做「畫家」的資格，應有更多的繪畫創作才合理，譬如說，一個主題來個一百張畫，而整個整理期間無仿拉長為兩年、三年，甚至更多年。

這樣的想法確立以後，到底拿什麼來做第一個創作呢？我想了很久，以我比較專長的畫材來說，有牡丹花、老鷹、人物、馬等等，到底畫百牡丹、百鷹、百達摩、百觀音、百佛圖、或者百馬圖，那個比較好呢？我想很久。九四年五月間，終於決定先畫百鷹圖。因為這個主題較冷門，開發的人少，且個人也蠻喜愛牠的飛揚雄健、姿態豐富，且幾乎無所不到，天上、地上到處可見，連海裡的魚兒也難逃牠的鋼爪。

我的想法是，老鷹很容易搭景，牠是雄健的飛禽，與蒼松、與大海，與雲山搭配都很得體，換句話說可搭山水畫。和人物也好搭，因為牠大小適中，與貓一般的寵物差不多大，畫個半身人物來相襯很剛好，且人類本就有放鷹的活動，與鷹為伍不唐突。再者，牠本是鳥類，與花草配成花鳥畫合情合理。換句話說，牠可以自由的搭配山水、花鳥、人物，也能滿足我原本大雜燴式的繪畫風格。進一步說，也提供我一個機會複習以前學過的籠籠統統。

我初步計劃是這樣的：畫一百張圖，詩五十首，和翻譯國外老鷹的資料一篇。百張圖原先定的規格是全開（ 137×69cm ），後改為 89×56cm （約對開）。詩全都是七言絕句。到寫這篇文章止，詩完成五十一首，而畫超過一百三十幅，其中有二十幾幅是全開的，翻譯的文章

也結束，更完成不少教學示範。雖然整個創作還在繼續，卻已超過原先的計劃，就在此先打個逗點，把經過整理整理。也好提出來就教讀者。

## 創作的過程

先說畫作，我是利用宣紙、棉紙畫彩墨畫，鷹的品種沒有特定，就畫我們一般所熟悉的樣子，勉強說牠是「綜合鷹」吧。但也另畫了六張國外的特殊品種，讓讀者知道鷹有小得像人的拳頭大小，大有羽翼長幾公尺的品種。我一開始定的規格是全開，但因配景太多、處理困難而進行得緩慢，到隔年的三月間才畫四十幅，我看無以為繼了，改為對開。然而，就在那段期間裡完成了兩、三百個老鷹姿式的鉛筆稿。起初，我是用毛筆勾畫與畫作同尺寸的姿式稿，才畫了一、二十張就被那鬆散、零亂的紙張搞得昏頭轉向，後來改畫小的鉛筆稿，再利用卷宗夾歸檔整理。就在這些姿式稿完成時，我也把畫作尺寸改小，創作的腳步於是大大的邁開。起先，我把精力用在畫老鷹本身，後來畫熟了，且整理出這麼多的姿式稿，乃將精力移放在造景、造境上面，再在適當的地方綴上一隻、兩隻老鷹，一幅幅畫就如流水般的產生。從九五年三月到年底，平均每天以一到兩幅的速度來進行，其中固然包括很多很多的重畫。到年底回顧，已超過百幅，才暫停，而增畫一些教學示範，包括工筆、寫意等不同的示範。最後再取出原先的四十張全開作品來，淘汰一半，留二十幾張重畫。

再說翻譯的文章。原則上，我拿家裡的一本老鷹畫冊做藍本，畫冊裡面的插圖全是照片，文字簡約、概括，比諸其他專論容易讀也容易翻譯。事實上，這本書擺在我的書架已有十多年了，而我畫老鷹的歷史也有十多年。翻譯的過程中我做過一個不成功的嘗試順便和讀者談談。除了畫畫以外，我是個電腦迷，所以會想到利用電腦幫我忙。首先，我用掃描器把整本書的文章掃進電腦裡，再用 OCR（光學字體閱讀機）變換成一般的文字檔。然後，利用國內開發的翻譯軟體譯成中文。我說這是個失敗的嘗試，就是國內軟體的翻譯能力還很差，

只好回到原點，老老實實的逐字逐篇譯，然後再做增刪。參考的資料，仍舊是些原文書和電腦光碟。

現在來說詩，我作的五十一首詩全都是七言絕句。這有個原因，當前題畫最常見的是散文和近體詩兩種，詞就很少用了，因為詞的句子有長有短，除非連帶標明詞牌，看畫的人通常搞不清句讀要斷在那裡，就談不上欣賞了。現代詩的句子也是長長短短的，同樣是很難處理。

散文題畫就當前來說，是比較值得鼓勵的，因為散文沒有格律的限制容易寫。文言文又似乎比白話文方便，因為文言文中的焉、哉、乎、也等助詞本身就有標點符號的功能。而白話文中雖也有嗎、吧、呢等字，但沒有對等於「，」的字，行文很不方便，而難就難在不好把一大堆逗點、句點等新式符號用毛筆書寫在水墨畫裡面。結果，「下雨天留我不留」就不曉得是「下雨天，『留我不？』『留。』」還是「下雨。『天留；我不留！』」了。

題詩方面，大概近體詩是最受歡迎的，近體詩這名稱是唐朝人用的，我們現在已視之為舊詩了，其中，絕句比律詩受歡迎，七絕又比五絕寫得多。這是有原因的，一般說來，為了不侵佔畫面，題字不宜太多，絕句比律詩字數少了一半，而七絕比五絕容易寫。就七絕而言，共二十八字，加上某某年某月某日某某某畫等字樣，約三、四十個字，頗佔點畫面，用於平衡和豐富畫面有著正面的功效。而律詩字數太多，自古就不常被用做題畫詩。

不管怎麼說，現代人寫這些舊詩還是很困難的。因為，唐、宋、元、明的詩留下來的典範大都描寫農業景觀，詞彙、字彙大異於今日，而現在的詞彙放進去也難免格格不入，譬如我用了些「寫生」、「自由」等現在常用的字眼，相信古人要猜老半天才看得懂。另一個原因是，古音不同於現代語音，最明顯的是，本屬於仄聲的「入聲」在白話文裡被分置在平、上、去聲之中，譬如「國」、「絕」、「哲」這些白話文聽起來像平聲的字原本都是入聲字。

再者，談題詩，我作這些詩的本意是用來題自己的畫作的。但是，直到完

成這一百多幅畫，我依然只用了一少部份。原因是對開的規格，造境不那麼複雜，相對的，留給題字的空間也不多。七言絕句的字數拿來題全開的畫比較剛好，而我全開的畫只畫了二十幾張，當然了，我說這趟老鷹創作還沒結束，我還可以再畫。但已經做到一件值得肯定的事，就是體認到作詩有助於提升畫境的功能。在創作詩時會想到很多很多的造境、移情的問題，這些都是繪畫構思的靈感，同時也是考驗自己能否將腦中情境轉化成紙上畫面的試金石。「詩中有畫」或是「畫中有詩」都是很難達成的高標。

## 談老鷹詩

現在就讓我開始對這些自己的題詩說幾句話。我看到老鷹、畫起老鷹，第一印象就想到牠的雄壯飛揚，題詩也不例外。「意氣無須仗劍豪，不勞紙筆助詩騷，一朝迴羽向天嘯，驚破雲頭散做濤。」這是我給牠的禮讚。再來就是牠的霸氣：「輕拋世務快遊翱，來此逍遙聽海濤，若有魚禽不量力，一伸吾爪便難逃。」和牠的傲骨：「縱橫高下有長天，五岳三江任轉旋，問我倦來歸去處，築巢仍必最山巔。」

然後再慢慢的寫到老鷹的不同層面。譬如老鷹被抓來當做人類寫生的材料時，牠就很可憐了：「應物今人謂寫生，欲移形似與神明，可憐金鎖加鉤爪，毫素會須傳不平。」「寫生」是現在的名詞，古人稱之為「應物象形」，「毫素」是

筆跟紙，我畫的時候，在其中一隻老鷹的爪上就套了一條紅色的鐵鍊。老鷹的羽毛也故意畫得比較散亂，描繪牠的可憐。老鷹有時候也很搗蛋、很煞風景：「潭幽寂寂水潺潺，美景閒情畫一般，不意飛來江海客，滿腔殺伐亂雲山。」老鷹也會變老、變得體弱無力，我說：「四海輕遊貌大千，也曾五岳任高眠，奈何似箭韶華逝？獨立英雄向晚天。」但老鷹不一定會感慨當年勇，是我故意把牠擬人化。還有，老鷹會過群體生活，尤其是寒冷地帶的品種也要飛到南方溫暖的地方過冬，牠們會成千上萬的聚在一起，同時南飛，隔年春天又一起飛回原來的棲息地。我就故意借「群鷹」的

音，寫了一文、一武兩首「群鷹會」，也就是「群英會」。分別是「貪風暴戾我心驚，人性何時可望明？筆管若能醫世病，書生把袖會群英。」和「風和日麗醉昇平，雲亦無心自在行，突報前方爭戰事，一聲霹靂會群英。」此外，我也寫了一首與生態不合的詩，「月落星沉風滿林，瀟瀟寒雨更相尋，凡禽俗鳥煙飛盡，始發鷹雄萬里心。」詩中的「鷹雄」，就是「英雄」，是我在借題發揮，實際上老鷹是畫行性鳥，晚上不出來，晚上上場的是俗稱貓頭鷹的鴟和鴞。

## 從題詩談心境

說到借題發揮，就讓我進一步抒發一己的觀感，讓整個老鷹詩有更寬廣的層次發展吧。以下就竊談一點一己之見，而把老鷹詩附在段落的尾巴，加個「題詩」的字眼。

首先，我想先回答一個大家很關心的問題。繪畫賺錢嗎？如果沒名沒利會快樂嗎？繪畫不一定賺錢，一切因人而異。縱使沒有名也沒有利，我個人仍覺得很快樂。前題是，做自己愛做的事本就很快樂，大樹下對奕的朋友，幾個鐘頭廝殺下來不也其樂無窮嗎？但廝殺過後也沒留下什麼東西，繪畫就不同，能留下一些「看得到」的成積。就如同作曲、寫作，雖不如發明家、科學家一般造福廣大人群，努力個幾十年，或許還有機會提供別人一點心靈的滋養，對我這種小人物來說已是奢求了。我選擇了繪畫，而繪畫也是我「吃喝拉睡」以外

比別人多活的一點空間。如果不幸我就這麼離開人間世，也只留下這幾張圖，所以我格外看重目前所做的。再者，從養生的觀點看，繪畫是一個很好的保健習慣，繪畫通常需長時間的獨處，繪畫過程中也是心裡雜念最少的時刻。我個人學過氣功，發個氣讓沒學過的人感覺一下的能力也有。我在此想講的是，畫畫常常讓我進入練功態，隨著肌肉與思唯的放鬆，氣血特別充盈，有時候一、兩小時下來，兩掌會熱得發燙。從保健的角度看是上上好的作息習慣。所以說我看名名利利只是次要的獎勵，來不矯拒、去也不追。

當然了，這裡頭還有個重要的關鍵，

就是「生活夠用嗎？」我認為只要不太奢侈，也不太貪求非份，目前的生活是夠用的。我說不太要求非份，舉一、兩個例來說，看到股票連漲個幾天就心癢手癢，不能按捺。看到同行做幾張假畫或應酬得宜賺點錢，就跟著沒頭沒腦的亂搞亂混。這樣怎能安心？安不下心就畫不好畫了。我常想，篤定來自寡慾，無慾自然剛毅，心不亂志就專，做事才有恆心。中國古籍不也強調「定、靜、安、慮、得」嗎？有人說，要看一個社會有多進步，就看這社會裡頭的民心有多安定；要看一個人能做多少事，也看這個人的心有多篤定。說到這裡，你不覺得無名無利也能快樂嗎？至少不苦。

當然，我知道不少畫家生活過得很苦。這些苦來自於謀生的不易，不來自於畫畫本身，畫畫反而是他們暫時逃避生計困苦的避風港。謀生是不易的，就拿老鷹來說，老鷹育有小鷹以後，母鷹必須留在巢裡照顧小鷹。以兩隻小鷹為例，一家四口的食物都必須由公鷹供應。公鷹每次獵得食物就得馬上歸巢交給母鷹，再展開下一次的狩捕。所以說，公鷹是很忙碌的，常常得整天在外奔忙。其實，人類也很類似，一家之主常常是一家之僕，忙得沒得休息。（題詩：「也為幼雛也為妻，滿天獵捕未知棲，忽過海角驚波壯，落爪苔岩看日西。」）

然而，有很多人並不需要那麼冷酷的面對生活，可是仍然很忙，為名忙，為利忙，為子孫忙，這些「忙」很多都是不必要的「盲」，尤其是為子孫忙。中國人自古就有「望子成龍」的觀念，

也有「父母眼中的孩子長不大」的看法。我舉個例，有個朋友生計並不殷實，但望子心切，省吃儉用的供孩子讀到碩士，也為他娶了老婆，且年過三十，這孩子職業一時不順遂，想攜家到美國讀博士，他父母竟答應賣房子供他讀書，這種「還子孫債」的現象在中國相當普遍。這等愛心我不忍苛責，然者，大家都知道我國的政治自古就污橫行，為政者為什麼會那麼貪？除了人性本來的貪慾外，中國人「福澤子孫」的觀念也是個大原故。不僅自己貪、也為子孫貪，結果，造成整個國家社會的嚴重腐敗、落後。（題詩：「饑來覓食飽開遊，磊落無羈最自由，笑那人間名利惑，為兒孫輩自

監因。」）

所以說，如果自己覺得生活夠用，最好能培養點寡慾的習慣，膽一點時間、精力做些新的嘗試。有一回，我同一位專畫雲山的朋友聊天，我說雲山有陰、晴、風、雨，你有沒有想過在畫面上來點變化，譬如刮大風。他一聽馬上反問我「那叫誰買啊？」這一答連話頭都斷了，我也沒能再說什麼。我當然不清楚那位朋友的生計寬裕否，如果還過得去就一味把心思停留在賣相上，將來的發展必然會受限制。還有，畫家的應酬也不宜太多，有一位朋友人緣很好，應酬多，從人際關係的角度看是蠻成功的，有一回他對我說，晚上應酬，白天起不來，就是起了床也總是頭昏腦漲，根本不能作畫。這樣把寶貴光陰消磨在杯影笑聲上，事實上是在縮減自己的創作時間。需知有些政、商人士最喜歡花錢請名流喝酒祝興，順便提升自己的身價，錢對他們來說不算什麼，我們去陪他們，賠掉的是寶貴時間，這些時間是我們創作的本錢呀。或許有人會說，應酬有助於畫的銷售，不錯，但如果能寡慾點，也就不那麼重要了。（題詩：「一親書畫十餘年，寡慾清心每好眠，為免到頭名利惑，托鷹先帶棄雲巔。」）

不過，如同前面說過，中國人的社會貪污橫行，當個不起眼的人想潔身自愛，頂多人家笑他傻；如果身居要職又想清高可沒那麼容易，反會礙了別人而惹盡麻煩。所謂「在山泉水清，出山泉水濁」能清高也是另一種福氣。再說孤高，孤高是老鷹的一個很重要的特質，牠可以在枝頭上觀望，一站就是幾個鐘頭也不飛離，事實上，老鷹可以連續一星期不進食，牠的戰鬥力很強，忍耐的功夫更是高。這種孤高的個性也是人類的一種特殊氣質，某些人特別強，這固然不能說毫無缺點，至少孔老夫子也把狂狷看得比鄉愿好？在文學、藝術作品裡、在歷史人物中，經由這等情愫表現出來的人與事也特別讓人感動。

或許是我自己也沾上這麼點「不合時宜」的性格。對於當今畫壇流行種種話語很不能適應，諸如「名氣最重要，沒有名氣就沒有資格談藝術。」、「一切都靠關係啦，沒有關係的人不要搞畫，越搞越窮。」「名氣是喝酒、應酬來的，

不搞公關那成得了什麼家？」或者是「畫家踏出畫室一定要敢吹、會吹，甚至要敢做怪、敢罵。」等等。真的嗎？說法容或誇張了些，也有部份的真實性。我說這是特定時空下的一個特定現象，就像台北的天空灰濛濛的，這裡出生的小孩不知道天空本是藍色。然而台灣的其他地區天空是藍的，世界其他地方天也是藍的，世界不會因為台北的天空灰濛濛而跟著變成灰色。又如同正在戰爭的波西尼亞，那裡的百姓心中充滿著仇殺、恐怖，世界其他地區的百姓也不會因波西尼亞的戰爭而充滿著仇殺、恐怖。需知，這是特定時空下的特定現象。

其實，並不是這裡的人都那麼同於流、合其污，總有些出淤泥而不染的荷花。我畫畫時通常會聽點音樂或演講帶，林清玄、蔣勳兩位先生的演講就讓我很感動，他們與我年齡相彷彿，卻都活得像朵荷花。荷花為何無染？因為身上有層蠟質保護，污水一沾就掉落。污水就像我們所處的時空環境，我們未必一定要被侵犯，問題在於我們有沒有一層保護的蠟質，更何況世上其他地方並不如此糟糕，台灣也未必永遠這般。帶著自覺的心過活的人相信還很多，因大多不是臺面上的人，我們無從得知，然而，這些默默工作的人才是我景仰、學習的對象，我寧肯多交幾個這樣的伴兒。（題詩：「絕塵高處不勝寒，和寡英豪必耐單，相識滿天非所願，兩三知己隨緣安。」）

此外，涉及到人生觀的問題。記得小時候我們常常喊「某某某萬歲！」、「偉大的某某某！」其實，這些某某某一點也不偉大，如果要我由衷的佩服，我佩服科學家，像發明電燈的愛迪生。以前的人太陽一下山就得睡眠，現在人有各種照明設備可以工作或休閒得很晚。好像有了電燈以後，人的壽命突然增長了一倍，真所謂「天不生愛迪生，萬古如長夜。」這種人才偉大。再看台北的捷運系統，一條路的造價高出原先預算的三倍多。多出的兩倍錢都到那裡去了？流入那些人的口袋裡？這些被吸走的，是人民的血汗錢、後代子孫的保命財。我每看到此就聯想到唐伯虎的詩：「不煉金丹不坐禪，不為商賈不耕田；閒來就寫青山賣，不使人間造業錢。」假使

說我們真的沒能對社會有所供獻，至少能少造點業。（題詩：「勸君莫苦尋吾蹤，鐘鼎泉林志不同，我慕群山失碧後，傲然壓雪那孤松。」）

## 題　畫

最後來談談題畫，題畫是中國畫比較特殊的地方，西方畫家大都簽個名了事，我們這裡也有只簽個名的。然而，大部份的畫家都會在畫的空白處多寫些字，例如「丙子年春黃錦星畫」等等。有的人還會題個標題，有的人題詩，有的人題賀詞，也有人做雙款。有的人題在樹石的隱秘處，有的人喜歡沿著樹石的輪廓走勢題字，有的人故意把字題得很淡，有的人沾顏料來代替黑墨書寫。說來這種種題法我都蠻熟悉的，但因為這次畫了一百多張，畫的構圖變化大，題字的方式也跟著變複雜，以前所學過的方法不敷應用，而延伸了不少新的辦法。譬如說，我這次畫了六種比較特殊的鷹品，像 harrier hawk 、harpy eagle 、bateleur，都是目前沒有翻譯的字眼，我只好夾中夾英的題在一起。而我們題畫慣例是從右至左，我就有一張從左而右題，原因是我想解釋老鷹進食的一種行為，且此畫又橫式，題字也剛好必須橫題。我就這麼寫「Mantling 迺鷹類進食之狀也，其翼張如蓋以防他禽見之而奪其食。」畫裡沒寫進標點符號，這是為寫文章方便讀者而加進的。但也有一張畫我加上標點符號，我畫的是兩隻老鷹正在吵嘴，題做「誰怕誰？」

有這麼個「？」無可否認的，這次的題畫經驗都將成為我未來創作的參考。

現在做個總結，這次的老鷹創作還在繼續。所有的經驗都關係到我以後其他主題的開發，希望讀者能給我更多的指教，做為後續創作的參考。我個人的學校教育有兩個專長，電子與外文，受的是比較西式的訓練，重視實踐，也重視經驗分享，如果還有餘力，我一定更加努力做出更好的作品給大家。

附：現在人寫舊詩困難重重，我也不專長，雖勉強寫下五十一首，終歸是很勉強的，希望方家大力斧正。我不是說客

氣話，而是希望不久後出版的單行本
裡能有比較像樣的作品。此外，能有
惠賜老鷹詩的讀者，也希望來函，將
來一併收入單行本裡。
　　以下是我的老鷹詩：

### 一、海上鷹

　　輕拋世務快遊翔，
　　來此逍遙聽海濤，
　　若有魚禽不量力，
　　一伸吾爪便難逃。

### 二、回頭飛鷹

　　意氣無須仗劍豪，
　　不勞紙筆助詩騷，
　　一朝迴羽向天嘯，
　　驚破雲頭散做濤。

### 三、浪頭雙鷹

　　休言浪急逞狂威，
　　最愛相呼帶險飛，
　　拍水弄珠遊不盡，
　　興餘還得攫鱗歸。

### 四、高山鷹蹤

　　百丈飛泉萬壑松，
　　聽風且覓鳥行蹤，
　　問君今日鷹何處？
　　巢在高枝露正濃。

### 五、鷹攫鱗

　　萬里長征萬里行，
　　星光頻轉有兇晴，
　　可憐一片游魚樂，
　　化做饑餐未及驚。

### 六、枝頭立鷹

　　縱橫高下有長天，
　　五岳三江任轉旋，
　　問我倦來歸去處，
　　築巢仍必最山巔。

### 七、雲山飛鷹之一

　　英雄豪氣欲衝天，
　　百岳歸來志愈堅，
　　繁瑣問吾生計事，
　　搖頭大笑白雲顛。

## 八、雲山飛鷹之二

煙雲出沒鎖仙關，
半落虛空半繞山，
爲有高飛孤行翼，
艱難不畏把天攀。

## 九、雲山雙鷹

雲山浩蕩有波濤，
涯若無邊日月高，
莫信幽寒飛不到，
同心比翼見吾曹。

## 十、月中鷹

一輪月似千江月，
半樹松如萬壑松，
息翼爲懷長遠志，
明朝仍得上高峰。

## 十一、放鷹圖之一

一親書畫十餘年，
寡慾清心每好眠，
爲免到頭名利惑，
托鷹先帶棄雲巔。

## 十二、放鷹圖之二

長空蕩蕩白雲悠，
聚散隨風任去留，
缺翼無緣飛做伴，
倩鷹代我共翔遊。

## 十三、鷹瞰松鼠

豪強作勢弱心驚，
萬物有糧才得生，
此景非關殘酷否，
渺冥天道自形成。

## 十四、潭上鷹

潭幽寂寂水潺潺，
美景閒情盡一般，
不意飛來江海客，
滿腔殺伐亂雲山。

## 十五、彎幹立鷹

古幹彎彎迎曉風，
孤鷹作勢似操弓，
雖言景物尋常見，
豪翮一騰定建功。

## 十六、鷹鬥蛇之一

悠閒吐信在崖巔，
張爪居然到眼前，
存活攸關全力鬥，
卻教武勇譜雙拳。

## 十七、鷹鬥蛇之二

患天乏力蛇安份，
劫地有餘鷹逞強，
到此一場爭戰起，
各憑本事鬥存亡。

## 十八、群英會之一

風和日麗醉昇平，
雲亦無心自在行，
突報前方爭戰事，
一聲霹靂會群英。

## 十九、群英會之二

貪風暴戾我心驚，
人性何時可望明？
筆管若能醫世病，
書生把袖會群英。

## 二十、聽瀑鷹

百嶽歸來何所感？
湖江是水雲還雲，
亨通富貴皆塵散，
未若枝頭聽瀑般。

## 二一、飛瀑落鷹

一瀉淋漓百丈深，
千年但見獨沉吟，
果真視我同知己，
不惜相隨下翠陰。

## 二二、石上鷹

一片白雲一片松，
松間更有石如鐘，
中間羽客潔然立，
孤賞不群睨頂峰。

## 二三、雪松立鷹

勸君莫苦尋吾蹤，
鐘鼎泉林志不同，
我慕群山失碧後，
傲然壓雪那孤松。

## 二四、雪松飛鷹

高峰獨愛棄平途，
嶺上山陰草木殊，
借問此中誰得似，
傲然撐雪有松孤。

## 二五、畫鷹之一

縛雞無力弱書生，
卻夢一朝俠客行，
記此胸中豪壯氣，
平明弄墨寫鷹鳴。

## 二六、畫鷹之二

笑那古人寫大鵬，
勢雖奇壯卻無微，
何如確實觀寰宇，
形準神傳畫老鷹。

## 二七、秋景鷹

凡情俗事任隨風，
爲愛雲遊做野翁，
一匜歸來知何趣，
疏林落葉滿秋空。

### 二八、海岩立鷹

壯志豈堪屈海隅，
日侵月蝕少年軀，
長空本屬高飛鳥，
瀟灑去來不畏孤。

### 二九、樹巔雙鷹

絕塵高處不勝寒，
和寡英豪必耐單，
相識滿天非所願，
兩三知己隨緣安。

### 三十、夜雨棲鷹

月落星沉風滿林，
瀟瀟寒雨更相尋，
凡禽俗鳥煙飛盡，
始發鷹雄萬里心。

### 三一、滑翔鷹

淺草平沙多俗鳥，
安知健翮屬雲鄉？
雲鄉高處風流熱，
類水浮舟自久翔。

### 三二、對鷹寫生

應物今人謂寫生，
欲移形似與神明，
可憐金鎖加鈎爪，
毫素會須傳不平。

### 三三、晚浪飛鷹

風掠浪頭浪逞威，
拍礁水白映餘暉，
一時美景收難盡，
鼓勇留連帶險飛。

### 三四、逍遙鷹之一

窮達不較不希仙，
只愛山巔與水邊，
近日行蹤君若問，
去來煙霧有無間。

### 三五、逍遙鷹之二

饑來覓食飽閒遊，
磊落無羈最自由，
笑那人間名利惑，
為兒孫輩自監囚。

### 三六、勞碌鷹

也為幼雛也為妻，
滿天獵捕未知棲，
忽過海角驚波壯，
落爪苔岩看日西。

### 三七、翻身捉鴬

身小莫誇柔好音，
須防天上有狂禽，
牠來如電回無影，
鐵爪才舒已就擒。

## 三八、低松昂鷹

世人比我類干戈，
未識此衷情亦多，
唯有青松棲寄久，
低頭屢和無聲歌。

## 三九、俯鷹瞰日出

飛禽無字供吟詩，
美景良時亦感知，
旭日出雲爬似跳，
風情獨享在高枝。

## 四十、踏柳鷹

生來未具柔好音，
不敢學鶯隨意吟，
只趁柳風拂面暢，
踏枝觀景以澄心。

## 四一、天池飛鷹

四面連壁不可攀，
中間明鏡更環山，
爲表此志非同凡，
奮御長風任往還。

## 四二、湖上鷹

湖面青山似臥龍，
蝶飛鳥語亦從容，
不期闖出衝天客，
攪了風雲亂幾重。

## 四三、海岩立鷹

潮似白線夾風來，
遇岩化做百花開，
賞心人少因天冷，
留我清閒弄碧苔。

## 四四、園石立鷹

春色滿園次第開，
視之無睹等塵埃，
我心慕那雲頭壯，
權把花台做眺台。

## 四五、斷橋立鷹

一彎白水人相隔，
我本自如不用愁，
今日因貪楊柳色，
橋頭弄羽學風流。

## 四六、梅與鷹

人言老幹屈如鐵，
且耐天寒似道心，
信是知音同志氣，
疏花孤客兩情深。

## 四七、蘭與鷹

芬芳自賞亦天眞，
不與群花競炫春，
只喜孤禽雲外落，
尋幽探秘去來頻。

## 四八、竹與鷹

直節虛懷大不同，
世間難覓此流風，
唯餘天外飛來客，
共浴晨寒候日東。

## 四九、菊與鷹

秋盡天涼掃翠茵，
滿山搖落失精神，
因教羽客孤無趣，
只認黃花做故人。

## 五十、晚霞立鷹

四海輕遊貌大千，
也曾五岳任高眠，
奈何似箭韶華逝？
獨立英雄向晚天。

## 五一、樹巔立鷹

一入吾腸雀失聲，
螳螂之後又何爭？
雲濤翻滾終歸散，
冷眼林巔笑世情。

一九九五年十二月

# 遊戲十二首迴文詩

## 一東

東天白月襯雙鴻
風葉落鴻

東天白月襯雙鴻，
月襯雙鴻落葉風，
風葉落鴻雙襯月，
鴻雙襯月白天東。

## 二冬

高隱寺護雲松
峰重影石松

峰高隱寺護雲松，
寺護雲松石影重，
重影石松雲護寺，
松雲護寺隱高峰。

## 四支

情把酒對開
怡奇局布棋

怡情把酒對開棋，
酒對開棋布局奇，
奇局布棋開對酒，
棋開對酒把情怡。

## 五微

風細雨絮沾
微飛柳葉衣

微風細雨絮沾衣，
雨絮沾衣柳葉飛，
飛葉柳衣沾絮雨，
衣沾絮雨細風微。

## 七虞

開笑飲對江
壺殊色夕湖

壺開笑飲對江湖，
飲對江湖夕色殊，
殊色夕湖江對飲，
湖江對飲笑開壺。

## 八齊

萋碧草野橫
萋低月古隄

萋萋碧草野橫隄，
草野橫隄古月低，
低月古隄橫野草，
隄橫野草碧萋萋。

## 九佳

開獨醉恣花
懷佳色夜階

懷開獨醉恣花階，
醉恣花階夜色佳，
佳色夜階花恣醉，
階花恣醉獨開懷。

## 十灰

簾奪目映梅
開苔砌石臺

開簾奪目映梅臺，
目映梅臺石砌苔，
苔砌石臺梅映日，
臺梅映日奪簾開。

## 十一真

眞情寄慨感殘春，
慨感殘春晚夢頻，
頻夢晚春殘感慨，
春殘感慨寄情眞。

(circle: 情寄慨感殘 頻夢晚春 眞)

## 十二支

焚香繞室滿浮雲，
室滿浮雲比麝薰，
薰麝比雲浮滿室，
雲浮滿室繞香焚。

(circle: 香繞室滿浮 薰麝比雲 焚)

## 十四寒

寒風冷夜曉星蘭，
夜曉星蘭酒盞殘，
殘盞酒蘭星曉夜，
蘭星曉夜冷風寒。

(circle: 風冷夜曉星 殘盞酒蘭 寒)

## 十五刪

潺潺逝水繞重山，
水繞重山曉月灣，
灣月曉山重繞水，
山重繞水逝潺潺。

(circle: 潺逝水繞重 灣月曉 山)

附：此類迴文詩的格律：

首先，我們看標準平起格、首句押韻的七言絕句格律：

平平仄仄仄平平，
仄仄平平仄仄平，
仄仄平平平仄仄，
平平仄仄仄平平。

因應迴文的需要，我必須變動其中兩個字的平仄：也就是第三句的第一字和第三字互換。格律就變成：

平平仄仄仄平平，
仄仄平平仄仄平，
平仄仄平平仄仄，
平平仄仄仄平平。

就作詩的一般要求，有「一三五不論，二四六分明」的說法，那麼在必要時變易詩句中的第一、第三、第五字是可以被容許的。在此，我僅變動第三

句的第一、第三字依然合乎絕句的格
律。

詩韻則分別押在第一、二、四句的最
末一個字。

現在就讓我們來制定一個由十個字圍
成的圓圖：

```
      一
   十     二
  九        三
  八        四
   七     五
      六
```

再把從一數到七這七個字分配給七絕
的首句：由四數到十這七個字給第二
句；第三句則由十倒數至四；第四句
從七倒數至一。成：

　　一二三四五六七，
　　四五六七八九十，
　　十九八七六五四，
　　七六五四三二一。

最後，我們把每個字的平仄安置到圓
圖裏面，就形成：

```
      平
   平     平
  仄        仄
  仄        仄
   平     仄
      平
```

其中第一、第七、第十等字押韻，迴
文詩的格律就完成了。

一九八八年七月

116

# 聖樂聲裡憶舊日

時序一進入十二月，唱片行就會推出一大堆聖誕歌曲。多年來，我都會應景地買一兩片回家播放。其實，聽來聽去就是那幾首歌。今年，我改變一下，買了兩首巴洛克時期的聖樂《馬太受難曲》和《彌賽亞》回家。這兩首樂曲分別是巴哈和韓德爾的作品，合起來播放長達五個多鐘頭，聽起來確實過癮。樂聲響起，有時獨唱，有時合唱，間歇地可以聽到一小節一小節的樂段在空中飄來盪去，這些對位的手法，卻深深喚起我十多年前的回憶。

十多年了，那時候我剛退伍，任職於大同公司半導體實習工廠，因為工廠尚未進入生產，暫歸於電子研究處管轄，有比較充裕的時間。星期假日有時呼朋喚友去交遊，有時去逛街，倒也愜意。然而，到底是薪水袋不夠厚實，不可能常常往外跑，於是，調節一下生活，在公司附近找一間教堂做禮拜。

我並非基督徒，但為了學英語曾經在服役期間進過幾次教堂聽洋牧師佈道，所以對基督教存有好感。教會給我最深刻的印象是，儀式的過程肅穆、寧靜，以及教友的親切接待。

我進大同門諾教會做禮拜，第一天去，介紹自己並非基督教徒，願跟大家學習。禮拜結束後，有一位大學生走過來，要我加入他們的青年團契，我點頭答應。他於是簡介了團契的活動，有查經和唱聖歌等等，並問我喜不喜歡唱歌。我說，唱過軍歌，不過，始終懷疑自己的聲帶不好，他說沒關係，唱歌和講話一樣，人人會，就讓我試個音，然後，把我編入「男高音」。那天，我就在教會糊唱亂唱的唱了個把鐘頭，自己也覺得有意思，慢慢的，也成了團契的一員。

團契的另一個主要活動是查經，本著一向愛看書的習慣，我除了在教會裡查，自己還買了一些相關的書來讀。有一回，正在查一段有關「耶穌渡海」的經節，我旁徵互引了一番，把四本福音拿來比對，看到不同的記載，就問牧師，說：《路加福音》（ 8:22-25 ）和《馬太福音》（ 8:23-26 ）說原本耶穌在船上和門徒一起渡海，何以《約翰福音》（ 6:16-21 ）和《馬可福音》（ 6:47-51 ）卻又寫成耶穌沒有趕上門徒，在狂風巨浪中從海面上走過去呢？牧師笑一笑，回答說讀《聖經》不要只在文字上面鑽，要深入了解其背後的涵意，耶穌不管是本來就在船上，或者履海而過，他的用意只在告訴門徒要有信心，遇到困難、橫阻時要保持冷靜。這在我

那滿腦子邏輯和數理的當時是頗難理解的，直到離開教會幾年後，方才得之於心（附一）。

《聖經》裡的記載，對於一個非基督徒家庭長大的我來說，不可能全盤接受。有時候和教友討論，也會起些小衝突。記得有一回，在團契討論中，曾經有過這樣的議題：「在這個物資文明昌盛（甚至肆虐）的時代裡，神將如何拯救世人？」當時，有一位即將畢業的大學生（記得他剛考上預官）回答說：「神是萬能的，當人類的文明越進步，則神的能力也會越大，神永遠高高在上。」我那時年輕氣盛，曾經加以辯駁，害得那位大男孩下不了台，今天想起來還有些歉意，至於用什麼理由去辯駁則已經記不清楚了。（附二）

儘管如此，我在那兩年間卻讀了許多以前沒有接觸過的書，譬如說，有關反駁達爾文《進化論》的文章。依據《聖經》的記載，人類是上帝造的，達爾文卻說是從猿猴演化而成的，那麼，在猿猴和人類中間怎麼一直沒有發現「正在進化的物種」呢？此外，到非洲去抓個最野蠻的人來，天天在他面前生火、煮飯給他吃，不用多久，那野蠻人就能學會做飯。但，再怎麼教猿猴，也教不出生火、做飯的本事來。人類到底有個不同於其他物種的腦袋瓜，這種腦袋瓜可不是進化得來的。

當然了，基督徒也會引導人去想些「身後事」，天堂啦、地獄啦，有關這點，任何宗教都很類似。身後事當然不是一個年輕人喜歡想的，不過，只要我們當一回事去想那麼一下，就不得不聯帶想到「生命的意義」了。人來世間走這麼一趟，是要帶走些什麼？或者，留下一些什麼？或者，做一番事功，然後把一切榮耀歸給上帝？這些數理以外的思考，經過一段時間的潛移默化，終於改變了我的人生觀，也影響了我的人生走向。

人生有時候真的有點像戲，也有點像樂章，轉來轉去，曲折起伏。就像剛剛才聽過基督受難的哀傷，一下子，又轉出復活的喜悅，「哈利路亞」的歡呼

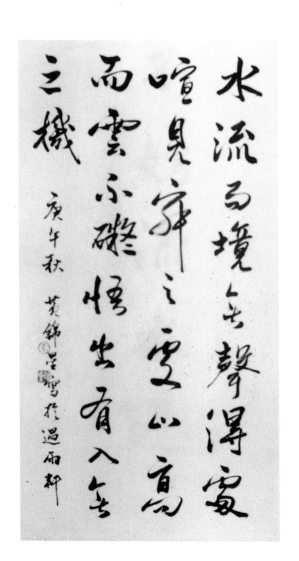

水流無境去聲得寬
喧見宇之雲以高
而雲不礙悟生有入音
三機

庚午秋　黃錦星敬書於過雨軒

彌漫著整個房間。說起來，就整個樂曲來說，這兩大著名的聖樂都是我買下唱片後才第一次聆聽到。但是，從個別個別的樂章來說，總覺得很熟悉，青年團契經常演練的聖詠、聖詩和這些樂章極為類似，我畢竟在教會聽了兩年。為什麼我沒有唱兩年，而是聽兩年呢？起先，我也想和大家學唱聖歌，然而，喉嚨極不聽使喚，每次唱完歌都會腫痛，再加上樂譜我也看不太來，只好放棄。但那團契的氣氛我又深愛著，於是經常留下來當聽眾。其實，教堂的設備極為簡略，只有一部鋼琴伴奏，其餘就是團員分成四部合唱，偶兒有人獨唱。但是，比起軍樂可感性多了，比諸流行歌又典雅得多，在這之前，我大致上也只聽些流行歌曲和軍歌。

兩年的教會生活，隨著我離開大同公司而劃下休止符。之後，我有兩年不在台北，再回台北時已有了不同的活動空間了。大同公司在中山北路，大同教會在重慶北路，都在後車站的後頭，我卻隨著就讀師大、台大而活動於前站這一邊，且生活步調一度緊湊，因此和團員失去了聯絡。

歲月匆匆，細數來，大約隔了十三年。十三年後的今天，相信當年團員的子女已有人在團契裡學唱了。而這些年來，我個人也改變了不少，本來，我的數理讀得比文科好，卻因為對人文的重新認識，而去唸中文、外文，最後在繪畫上找到依歸。

我有時會在燈下獨思，要是剛下部隊那兩年不去教會，而在別處填補空虛的心靈，那麼，今天必然會有截然不同的人生態度與走向。這其中會是更好還是更壞，固然無從猜忖。不過，我曾經擁有過對基督教會美好的回憶，以及今天能持續浸淫於文學、繪畫和音樂的喜悅中，則是難能可貴的感受，尤其在這物慾橫流、金錢遊戲盛行的社會裡，阿門!

「阿門!」音樂正好也響起告別的旋律。

一九九一年十二月十日

附一：對於牧師的話，我領略到什麼？我想，就以釣魚為例吧，到底是釣到魚重要呢？還是擁有一枝漂亮的釣竿比較重要？同樣的道理，一本帶點瑕疵但能感動我們，讓我們有信心、有希望、有愛心的《聖經》重要呢？還是一本完整無瑕但只供我們擺在書架上的《聖經》重要？我個人選擇前面的答案。這是我所領略到的。

附二：雖然，我未必能清楚記憶當年的事。不過，我有個想法，那就是：上帝是恆定的，不需要太多的人間口舌來為他強做辯解的。就像太陽一般，不會因為人間的邪惡而減其光，也不因為人類大行其善而增其耀。上帝是不會因人而變的。

# 談　天　賦

「……爸爸抱……喔，好可愛喔……你是囝仔，我是爸爸。叫我爸爸，叫爸爸……」，小孩才幾個月大我就開始抱著他，要他叫我爸爸。終於有一天他嘴裡吐出「爸爸」兩個字，嗳唷，他叫爸爸了，小孩會叫爸爸，我心裡好高興。其實他不曉得什麼是爸爸，幾個月以後，他會叫媽媽「爸爸」，也會叫他的玩具「爸爸」，有時候叫我「媽媽」，不知道過了多久，他看到男人都叫「爸爸」。終於有一天，我回到家，他聽到我叫他的聲音，從房裡興奮地跑出來，一邊不停地叫「爸爸，爸爸……」。終於他確定了爸爸是我，這已經是十四、十五個月大了。

世間沒有生下來就會叫爸爸的人。「七坐、八爬、九長牙」，身體的發育有一定的歷程，智能的發展也有不可躐等的時間表。人的成長與學習有著太多太多不可避免的挫折與磨練，千跌後、百撞過，才學會走路，人生的道路條條都是千跌百撞後走出來的。

我常聽人說「我沒有天賦」，說完後就不再有任何行動了。這樣的人確實可以免除不少撞跌；相對的，他的人生也從此少了一條道路。歲月匆匆，幾年、幾十年過後，看到昔日的玩伴、同學在人生的旅程中踏出另一番景況時，也會在人前人後大談天賦，說些那個人從小就異於常人等等的話。於是乎，就會有人開始感到困惑，「天賦？不知道天賦是什麼？怎麼會這麼神奇。」這個人因帶著滿腹疑團，就到處去問人，問左鄰右舍，也問朋友親戚。有一天，終於有人對他說某某人很有天賦，因為那個人跳高得過獎。「喔，原來有特殊能力的人都有天賦。」於是他抱著這種想法去見那位跳高得過獎的人，然而，運動員卻回答：「我天天苦練，始終達不到預期的水準。我也不全然瞭解自己有沒有足夠的天賦。」這個人得不到想要的答案，想一想，「有成就的人應該會有很高的天賦才對。」於是，他想到畫家張大千，張大千享譽國際，看他如何回答。張大千說：「七分人事三分天。」原來他認為努力比較重要。那麼，再看看偉大的發明家愛迪生又怎麼說，他說：「百分之九十九血汗，百分之一的靈感。」好像有成就的人都喜歡歸功於努力、血汗、毅力、恆心……，就沒有聽過成功的人說：「我很有天賦。」天賦到底是什麼？

天賦是什麼？是上天賦給我們的能力。每個人都有。有的人天生弱視，從

視覺的觀點來看，這個人的天賦應該是比常人差。甚至有些人生下來就目盲，那麼這個人可以說完全沒有視覺的天賦。如此說來，怎樣才叫天賦高？用上面的例子來做個對比：視力比別人好一點就已經算天賦高了。我個人認為，「身體器官」和「天賦」有相當的關聯。當年在臺大唸書時，校園內就曾經跑死了一個學生，臺大的傳統是，體育課要跑八百公尺做為學期成績，於是乎跑死人了。一些腿輕腳靈的同學都很納悶，才八百公尺怎麼會這樣？有些人八千公尺都可以等閒視之呢！我們的體育老師就說了：對於某些人來說，跑過四百公尺以後，血液要輸送到腿部就發生困難了，會有抬不起腿的現象，但血液又必須維持供輸與回流，於是心臟負荷加重，最後終於承受不了。當然了，我也見過幾個飛毛腿卻玩不好單、雙槓，壓一、兩下馬上氣喘如牛。相反的，槓上運動上下自如，但跑操場就叫苦的也大有人在。

雖然，上天賦予每個人能力很多，但，在分配上是會有偏頗的。不相上下的智力，也會有人理解力高，這些人適合讀自然組，也會有人記憶力強而適合讀社會組。上天有時會給一個瞎子靈敏的聽力與觸覺，給聾子很好的眼力和體力，祇是每個人秉賦不同而已。天生手指靈活的人，很可能喜歡捏捏陶、編編竹子，如果剛好視力也不差，就會塗塗鴉、甚至學畫畫。天生好嗓子的人喜歡哼幾句、愛說話，如果音感也不壞，自然會喜歡音樂。天生好味覺的，會喜歡吃四方，有時也會親自下廚來兩下子。

越有某方面天賦的人就越喜歡搞他自己做起來輕鬆愉快的事，做起來越愉快，就越會反覆去做，越做越純熟，越熟越生巧，於是乎，他會說他對某某東西有興趣，接著他有那種嗜好。興趣也罷，嗜好也罷，這常常是個人稟賦的最佳表現。

但是，還是有人會說：「我就是沒有興趣、沒有嗜好，也不知道天賦在那裡。」是的，有這種困惑的人不算少。現在的人忙呀忙，忙於考試，忙於奔波，忙於賺錢，忙於家務，忙於小孩，忙於……，太忙了，忙得不讓天賦有所表露的機會。或者，某人曾經喜歡過什麼，但身邊有人建議他這種行業沒出息、那

個興趣沒出路，應該改做什麼才好、才有前途。或許他的父親、母親、妻子、朋友、同學……勸他去從事一項他不喜歡，但可以餬口的工作。於是又把天賦給埋沒了。

天賦在那裡？

人，很容易在歲月消逝，而前途茫茫的時候追問自己。其實，找天賦如同逛街一樣，常常逛街就會發現什麼衣服、款式適合自己，什麼顏色自己最喜歡，還有，從人群裡也可以發現原來像自己這般身材應該穿什麼樣的衣服、自己的臉應該留什麼樣的髮型好看。於是，邊走邊看，邊看邊想，很快就能了解自己。若有人問說逛街累嗎？「累的！腿痠、口渴、人擠人，一回到家就想蒙頭大睡。但是，很愉快，有機會還想去。」尋找天賦就像這樣，先放鬆自己如同放下工作去逛街，讓自己的五官去感覺這個有聲、有色、有味……的大千世界，也淺嚐低啜地學習一些平常認爲不合時宜、沒有實際價值的東西，說不定，很快就讓我們尋找到自己的「天賦」。就算發覺到自己對五官的感覺都很淡然，連男女情慾也沒有，那麼可能「與道有緣」，也可以早點知道自己是怎麼樣的人。

你現在可能找到天賦了，或許你的視力良好，手很靈活，小時候老師、同學也曾經誇讚你字寫得不壞，於是你去買筆、買紙、買字帖回家臨摹。「噫！怎麼我寫的字離字帖那麼遠？」「噫！別人怎麼寫得那麼像？」你或許會很難過，但千萬不要心慌，更不要馬上懷疑自己的天賦。別人能寫得好是別人比我

們學得早，也是別人比我們提早修正錯誤所累積的成果。就連字帖的原作者也是在千百年前，以畢身心力修修改改，改正與美化，才留下那麼一點文化遺產。記住！找到天賦是要我們開始跌跌撞撞地踏上征途，不是輕輕易易就送我們到目的地。

天賦，人人有。一般人覺得很神祕；有成就的人不願多談；不可否認的，有很多人仍會說他沒有。

一九八八年九月寫

122

# 天賦答客問

問：你的看法是天賦人人有；不過你也承認有很多人認為自己沒有天賦。你能就這個現象說個理由嗎？

答：我想天賦像樹苗一樣，經過相當程度的栽培才會長大成一顆樹，甚至一棵大樹。一般人常常在看到別人的成就時，誤以為別人有天賦而自己沒有。其實，別人的成就往往是「天賦」加上「努力」的結果，自己沒有「努力」當然看不到相同的結果。不過，自己的「天賦」仍有可能比別人好，換句話說，如果自己也一樣努力，說不定成就會比別人大。

問：你剛剛把「天賦」比做「小樹苗」，而不是大樹，那麼說，不留意還看不清自己的天賦呢。你是否能提供尋找天賦的方法？

答：有關尋找天賦的依據，我在《談天賦》裡大體上談過，諸如「身體器官」、「興趣」、「嗜好」等等，這些都是我親身經歷過的心得。此外，如「性向測驗」等更具學術性的方法應該也值得參考，不過，我自己在探尋的過程中並沒有依據「性向測驗」。

問：談一點你的依據吧。

答：我發現我對「繪畫」有天賦。依據什麼呢？少不了的是「興趣」，我從小喜歡塗鴉鴉。不過，小時候的興趣也有好幾樣，我仍然需更進一步去分析，以找出最有利於我往後發展的項目。

問：那麼，你又依據什麼呢？

答：我想到「身體器官」。我一直喜歡玩單槓、雙槓，但不喜歡跑步，因為腿很容易痠，這種差異讓我有所警覺。剛好，我的眼力也不壞，「手巧」加「眼力好」可能適合工藝美術，我當初是這麼想。

問：你這麼說，我明白了。不過，你怎麼會對「身體器官」那麼敏感呢？

答：說來，挫折也有好處，我大學讀的是外文，讀外文剛好讓我看清楚自己的缺點。我的發音不太準，這曾經讓我很難過。

問：發音不準不是可以正音嗎？

答：我畢業於外文系，卻是從中文系轉過去的，你這一問使我想起一位教國文的老師。那位老師受過正音的訓練，他說話時如果用儀器去測量，可能會很準，不過，聽起來就覺得硬幫幫的，很難受，我那時候已經在懷疑正音的效果了。再說外文系

的一位教語言學的老師吧，他的分析能力很強，給了我在理論上很大的啟發，不過班上的同學大多不喜歡他，因為他的發音也不準。所以，我自己也做了一番檢討，認為自己在語音上的天賦不足，以後的發展有限，才更強迫自己要正視這個問題。

問：原來如此。對了，有人說天賦和遺傳有關。你的看法呢？

答：我很贊同。不過，遺傳不一定直接遺傳自父母，也有隔代遺傳，甚至一隔好幾代的情形。如果說要從父母身上尋找天賦的線索，不如連同祖父母、伯、叔、舅、姑、姨也一併考慮進去。

問：就你個人的經驗，是否也考慮到遺傳的問題？

答：有的，我們家族的成員大多從事於手工方面的工作，諸如裁縫、木匠、鐵工等等，依據我的觀察，「手巧」是共同的特色。舉兩個例子來說，我的祖父會在庭院裡擺各種不同造型的石頭，並為那些石頭塗上各色的油漆，有的還會畫成具體的形像，如觀音等；我的父親在臺塑企業曾得過技能競賽的首獎，這些都成了我後來判斷天賦的依據。在我的兄弟（包括堂、表兄弟）之間，也有不少人曾經學過畫。

問：你剛才提到你的上代和同輩。你的孩子是否也有同樣的遺傳？

答：據我觀察，有的。

問：你怎麼會這麼肯定，是否能說說你的依據？

答：我有兩個主要的依據，「視覺上的聯想」和「手巧的程度」。小孩兩歲時我帶他去松山機場看飛機起飛，他說「飛機變做小鳥」，四歲帶他坐飛機，他從飛機上看高速公路的車子，說：「車子像樂高」，（樂高是一種日本製組合玩具的品牌），此外，手也變輕巧的。這兩方面的能力我相信很多小孩都有，這就是很好的依據。但並不是說有這天賦，將來就會往這方向發展，或者會有這方面的成就。

問：說到對孩子的觀察，很多父母很關心孩子的天賦，你能不能為他們提供一點建議。

答：有些孩子的天賦很明顯，譬如說，整天拿著筆亂塗亂畫，或者整天哼哼唱唱的，這樣的孩子很容易觀察。有的孩子天賦不明顯，想觀察就要更費心。我想，儘量讓有經驗的人來進行觀察是有必要的。

問：由父、母自己觀察不可以嗎？

答：當然可以。不過，如果父母連自己的天賦都沒有探討過，遽然對下一代做判斷，老實說，準確度不高。此外，父母容易把主觀的期待也放進去，則做出錯誤判斷的機率更大。我剛剛談到，讓有經驗的人去觀察，最好還能由幾位有經驗的人在不同時間和場所進行觀察。

問：談過了「天賦的探尋」，也談一下「天賦的開發」好嗎？

答：談到「天賦的開發」，一般人很容

易和「如何達成成就」混爲一談，這點我必須先釐清。成就並不能光靠「天賦」，還得要有努力、毅力、恆心……，甚至機運的配合。在此只談「天賦的開發」。

問：你請講。

答：天賦的開發是屬於「學習」的範疇，只是，既然在開發天賦，學習的方向就不能太散亂、太多目標，要不然就失去意義了。講到學習，不外乎「自修」、「找良師」、「師法大自然」三個途逕。

問：談談你自己的經驗吧。

答：在以上三個學習的途逕裡，我只談找良師、益友互相切磋，唯有如此才能事半功倍。在此，我先引一段荀子的《勸學解》給大家參考：「登高而招，臂非加長也，而見者遠。順風而呼，聲非加疾也，而聞者彰。假輿馬者，非利足也，而致千里。假舟楫者，非能水也，而絕江河。君子生非異也，善假於物也。」套句現代的話說，就是「要站在巨人的肩膀上看東西」。

問：能不能爲讀者提出一些具題的實例？

答：好的，因爲經過一番探尋之後，我選定「繪畫」來開發，在學習上就只能舉「學畫」來做例子。不過，我仍然長話短說。

問：好，請講。

答：我爲大家舉個「肌理」的例子。肌理，又叫紋理，也叫質感，也就是物體看起來像光滑，或者像粗糙的

感覺。在一張平面的畫紙或畫布上，要做出這種種不同的感覺是需要點工夫的。我當年如何各別學到這些東西呢？我先分析出國內擅長於畫各種畫類的畫家，然後個別去學習他們的專長，最後再綜合整理，成爲自己的東西。

問：這眞不愧是一個「站在巨人肩膀上看東西」的實例。不過，這又和「開發天賦」有何關聯呢？

答：我剛剛提到那些畫家們，他們能獨擅一方，天賦是沒話說的，我剛好也自認爲有這方面的天賦。那些畫家們都曾經在自己的天賦上做過相當程度的開發，換句話說，都努力過，我剛好可以學習他們的方法和精神。

問：「開發天賦」的方法就僅只這些嗎？

答：當然不只了。我說過，開發天賦是屬於學習的範疇，學習的方法當然不會只有一種。方法可因人、因地、因時而異，不過，有一點卻是不變的，那就是，不能「虎頭蛇尾」、「一曝十寒」，總要有恆心，日久才能見積效。我懇切的希望大家在探尋天賦的過程中，不要忽略「努力」的重要。

一九九一年九月脫稿

125

# 如果你要學一樣新東西

如果有一天你去爬山，爬到半山腰，才發現自己更想爬的是對面的那座山，這時候，你是從這座山一躍，跳到另一座山的半山腰？還是乖乖地走下這座山，然後再從另一座山的山腳慢慢往上爬呢？我想，再怎樣不情願也只好選擇後者了。

假設，你要學一樣新東西，那麼，先告訴自己：「這樣東西我不會。」不要太為自己的自負、害羞……猶豫所阻礙，更不要為自己的身份、地位……財富所羈絆，心越虛才越容易學到東西，就像酒杯一般，注滿水的杯子再也倒不進美酒。

「這樣東西我不會」只是在去除學習的障礙而已，想學到東西還要有信心，這時候，你應該再告訴自己，說：「如果我天天學習，一定能學成」，要有學到東西的信心。信心是遇到困難時最有用的利劍，也是驅除自己身上懶惰蟲的藥方，不過，仍然不能忘記一個先決條件，那就是「天天學習」，「天天」兩個字，是「有恆」的化身。君不見一句老話頭：「天下事廢於難者十之一，敗於無恆者十之九」嗎？學習是一種邊做邊修正，想急也急不來的工作。朋友，如果你想要學一樣新東西，那麼，想一下這句話：「這樣東西我不會，但，如果天天學習，我一定能學成。」

有了正確的心理準備，就得馬上行動，不要太過於猶豫，猶豫像小偷一樣，會不知不覺地偷光我們寶貴的時光和信心。要很自信地踏出學習的腳步，同時，要踏出正確的腳步。如果想學游泳，就趕快去買泳衣、泳褲，然後找個游泳池下水，不要走錯地方（走到電影院去那就太離譜了），也不要急於找一些可有可無的輔助教材（讀遍游泳指南也學不會游泳）。要學游泳就要找個可以下水的地方，親自泡幾回水，要學繪畫則先買紙、買筆，亂塗亂抹個幾天，要學東西，就不要找太多的「間接方法」，應該儘量找出「最直捷了當的方法」。

其次，就是去找老師、找場所學習，我常會聽到一些人很自負的對別人說：「自己是無師自通」，其實，我認為那樣的人不太聰明，因為花太多時間在無謂的摸索上面。處身在這個資訊發達、學習管道通暢的時代，除非想要發明一些別人沒經驗過的東西，大可借別人的經驗來縮短自己的學習時間。良師、益友就像大船、小船一樣，找到大船走得遠，找到小船走得近一些，不找船只好靠自己游泳了。試問，靠著血肉之軀能

游多遠？縮短學習的時間，就像自己增了歲數一般，能想到這一層就會知道良師、益友的可貴，讀者難道沒聽過「名師出高徒」的話嗎？名師如強力的磁鐵，磁鐵磨生鐵，磁鐵的磁力越強，生鐵就越容易產生磁性，學習東西要會找「助力」。

再者，就是不要怕犯錯。因為，學習是一件邊做邊修正的工作，犯錯也是學習的一部份。一旦知道那裡錯，那麼，要往對的方向去修正就容易多了。我有一句自勵的話：「犯錯是累積經驗的儲庫，經驗是通往成功的鑰匙。」把成功的鑰匙丟棄的人，往往是那些怕犯錯的人。

最後，為大家談談解決「學習瓶頸」的方法，學習像堆沙，不可能一粒沙子緊接著另一粒沙子，粒粒往上堆，而是，滑落一堆沙子做為基底，才能支撐上頭的沙粒。學習一定會碰到瓶頸的，原因有千千萬萬種，不過，概括言之，仍然離不開「基礎打得不夠紮實」，所以要學會「溫故」的工夫。我的建議是：「進三步、退兩步」，每碰到瓶頸就先回來溫習一些舊東西，這樣有什麼好處呢？如此才可以避免自己陷於「低潮」。因為，我們會碰到瓶頸時，常常是面對著太多自己應付不來的事，這個時候最容易引發低潮，如果能退個幾步溫習以前學過的，將重新看到一堆自己熟悉的東西，學習的興趣不致於中斷。對於從前沒學好的地方也可以趁機補充學習，這些新補充進來的東西往往就是自己前陣子面臨瓶頸的原因，溫故是可以知新的。

朋友，你是否想學點新東西，試著依前面講過的方法試試看。

一九九一年十月二十日

# 和學畫的朋友談談

前面一年多，我在《中國美術》發表了幾篇文章，無意間接到不少讀者的電話，大都是想跟我學畫，實在讓我受寵若驚。然而，在此向大家道歉，筆者確實安排不出時間來，往後的幾年教學的可能性也不大，未能滿足大家的要求。

雖然，不能與讀者們面對面溝通，我還是很願意透過紙筆和大家共同學習。以下，我想就觀念上和諸位學畫的朋友聊聊。首先，請大家先看一篇《如果你要學一樣新東西》，這篇文章並不是專為學畫的朋友寫的，各行各業都可讀，學畫的朋友看了應該也會有點助益。不過，就我多年來自己學畫，聽過不少學長、同學、初學者的心聲，總覺得大家的心中或多或少會有些疑團，就利用這個機會和大家談一談。

我常常說，找個老師學習比自己摸索學起來快、也容易學得好。但是，有的人仍會懷疑老師的教學會缺乏誠意，這些人的口頭禪就是「師傅總是留一手的」。我想，會留一手的師傅不是沒有，甚至於，會故弄玄虛的師傅也有。不過，就我個人跟過幾十位老師的學習經驗來說，我認為大部份的老師都很有誠意的。有的老師甚至還想傾囊相授而找不到理想的學生呢。

所以說，擔心「師傅會留一手」的朋友不要再擔心，趕快去找老師學習。如果，有的讀者正好跟隨處處保留、或喜歡故弄玄虛的老師學習，也可以考慮離去，換個老師。跟處處保留的老師學不到東西，會搬玄弄虛的人則大半沒有什麼實學，跟他們學習，不只浪費時間，更怕久了連自己也懷疑天下的老師都一樣，而不能從容的多學幾家。

當然了，有很多人會悶在家裡摸索，並不是懷疑老師會留一手，而是，面子拉不下來，心裡怕怕的，同時，也會想出很多藉口，譬如說「他的太太是我的後輩，怎好回過頭來叫一聲師母。」或者，「這麼年輕，我怎能去當他的學生。想想看，我來做他的爸爸都夠格了。」……等等與面子或多或少有關的理由。如果我的觀察沒錯的話，我認為，我們這個民族是一個比較恥於下問的民族，也不太擅長學習別人的長處。我們會把「不恥下問」視為美德，也是因為做得到的人太少了。說真的，術業有專攻，學習有先後，後學的向先學的人學習；某方面比較差的向較有專長的人討教，是理所當然的事，這中間實在不需要考慮太多面子問題。我常在想，我們為何不學學日本人，日本這個民族就不一樣，

不但擅長於學習別人的長處，而且，還會加以改進，使自己超越別人。我們又為何不抱著同樣的態度去學習呢？

再者，有人會對如何起步感到煩惱，因為，有很多種不同的說法。有人說，學畫要從素描著手，有人說要從毛筆字開始，這兩種說法都在強調繪畫基礎功的訓練。也有的人則說，先不要急著練造形、也不要急於練筆法，大可以從整體來處理，以免到頭來風格跳不出前人的陰影。這些說法都很有理，但也說明一件事，那就是，可以不拘泥任何一種方式。最好是，從自己所最感動的畫風、畫法入門，這樣，興趣才容易建立、也能持久。能畫過一陣子，再逐步發現自己的欠缺，逐步補學進來，我想是比較好。就我個人來說，一開始是從黃磊生老師學國畫，但畫到動物時，總是畫不成一個有立體感的圖，才從頭學西畫，現在又回來畫水墨畫。雖然繞了一個圈子，時間上也沒有浪費到，只是先學、後學的次序換一換而已。

至於說，跟別人學，久之，會不會落入老師的風格而跳不出來？我只能回答，這樣的機率是蠻大的。不過，跳得出跳不出別人的風格要看學畫的人決心下的夠不夠。如果說，自己沒定見，就算不跟別人學，看畫冊、讀畫論也會落入別人的陰影，更何況，不向人家學習也未必開發得出自己的風格。反過來說，心中有定見，學得再多家也能從容進出，譬如說，學過十家，再比對各家的異同，從中間理出最合自己的個性與品味，自會有不同的變化，而自己的風格也就水到渠成了。

此外，還有人說，這是一個講求「新語言、新符號」的時代，要多發明，少傳承。這話聽起來也有道理，不過，試想想，我們在寫作時何嘗有過造新字、發明新詞的事？其實是很少的。我們都僅只傳承了前人的字、詞，但也不影響我們去開創自己的風格，同理可見，在作畫上不應太鑽「新語言、新符號」的牛角尖。有道是「熟而後能生巧」，「新語言、新符號」是我們在作畫時，發現從前學過的技法不足於表現而創造的，那樣才有生命力，不是一味的迷戀「新奇」。

再者，有人會拿靈感做擋箭牌，說自己不是不畫，而是沒有靈感。「靈感」又是怎麼回事呢？我舉個淺顯的例子來說明：有個裁縫師傅有天在街上看到一個人手腕上綁著一條麻繩，覺得好看，於是啟發了靈感，回去之後馬上做一件袖口帶花邊的衣服來。這靈感，只是給他做花邊的啟示，而做衣服卻是他原先具備的專長，別的人就算也看到麻繩，也聯想到帶花邊的袖口，但沒有做衣服的本事，空有靈感也是沒有用。杜甫曾說過：「讀書破萬卷，下筆如有神」，要想下筆如有神，先得讀書破萬卷。繪畫也一樣，務必練到心手合一，心想到那裡，筆也能跟到那裡，如此，靈感來時才補捉得到。要不然，空有靈感來，卻讓靈感跑，豈不可惜？

還有，畫畫的人大半會想到「成名」這個問題。繪畫的人想要成名，這是可理解的，有名斯有利嘛。不過，在追逐名利的過程中，卻不是人人都能遂其願的，有的人因此而輕拋畫筆，這是很可惜的事。比如說，參加各種政府舉辦的比賽後，憤而「封筆抗議」，這現象在我的交遊圈裡就遇到不少起，甚至，在我的授課老師當中，也有人曾經封筆過一段時間。我所以跟讀者說這些，是希望大家不要輕率「封筆」，這種舉動，不但達不到抗議的效果，弄不好還會葬送掉自己的前程。說來，繪畫有點像跑馬拉松，不比衝勁，而是比耐力，誰先跑在前面幾步不算什麼；但誰先退出誰就輸。

至於公辦的比賽不公平、被把持的說

法，報章、雜誌偶兒也會提及，我也不能說沒這回事。說實在的，在臺灣各行各業都有類似的情形，這是我們「民族性的負面表現」，不是短時間能改正過來的。如果因抗議而封筆不畫，就算轉到別行去，將來也一樣會碰到類似的情形。更何況轉業並非易事，東轉西轉，轉了幾圈人也老了，還能做什麼？要想成名，仍然有很多傳播媒體可以幫大家達成，就算是自己花錢做廣告也能收到一些效果。然而，有一件事是別人幫不上忙的，那就是「我們能拿出什麼給人家看？」，這一切，就只能靠自己平日的努力和點點滴滴的累積了。

再者，和大家談一下「做廣告」，有人說「廣告可以點石成金」，其實，沒

那麼神奇，頂多是包金而已，裡面是金的才會是金；是石頭的，仍然是石頭。說穿了，廣告的效果只在引人注意而已，就像一種新品牌飲料剛剛推出，打打廣告好讓消費大眾有機會品嚐，如果這種飲料確實好喝，廣告就發生效果。反之，飲料不好喝，只會留給人家壞的印象，那又何必讓更多的人知道「我們的差勁」呢？

最後，再回到前面的話題，有人怕一輩子出不了名，常聽到的話頭就是「畫家死後才會成名，生前大牛潦倒」，常被舉用的例子有西方的梵谷、中國明朝的徐渭。不可否認的，繪畫本不是一個「好的謀生工具」，所以，生前潦倒的畫家不少。不過，像梵谷、徐渭那種例子，現在也不太會出現，因為傳播媒體發達了，果真是個人才，也不是那麼容易被埋沒的。

在從前那種資訊封閉的時代裡，不只死後未必馬上成名，死了幾百年都未必有人知道。舉個例來說吧，郎世寧為乾隆皇畫了那麼多畫，乾隆大概只看了幾眼，就因為太珍惜，而把那些畫作都深鎖在皇宮大內。要不是以後清朝覆亡了，故宮開放了，老百姓那能夠看到他的畫、知道有個郎世寧呢？再做個假設，當年要是珍藏郎氏畫作的宮殿被一把火給燒了，那麼，後人很可能連有個郎世寧的傳教士都不知道了。但在今天，資訊發達了，只要我們能做出好的作品，媒體也會爭相報導的。說實話，各傳播媒體為了提昇報導的內容、以及同業間的競爭，也需要挖空心思到處找好的材料報導的。

不過，以畫畫的人來講，名利心太重是會帶來痛苦的，追求的過程中有時得屈就、也難免要阿世，甚至欺世，得中有失。我自己是這樣看待的，繪畫本是怡情悅性的事，能少一分名利心，則多一分恬適，如果可能的話，讓我們瀟灑一點，多享一下繪畫的樂趣吧。畢竟，能有這樣的繪畫天賦，已是上天對我們的特別恩寵，又何苦把自己搞得苦兮兮呢？

一九九二年六月底